子どもがどんどん賢くなる「絶対音感」の育て方

7歳までの“聴く力”が脳の発達を決める

Keiko Kito 鬼頭敬子

青春出版社

はじめに　聴く力を育てることが子どもの未来をつくる

みなさんは「絶対音感がある」というと、どんなイメージをしますか？

曲を聴いただけで、音や音程がわかる。虫の声など聴く音すべてがドレミの音に変換できる…。どれも間違いではありませんが、この本で紹介する「絶対音感」はこうした音楽に限った能力ではありません。

「絶対音感」は、音楽家など音楽の才能を持つ人だけにある、特別な才能だと思われがちですが、実は特別な能力ではないのです。6歳までにレッスンを始めれば、誰でも身につけることができると言ったらいかがでしょうか？　最近では、脳科学の研究が進み、幼少期に聴く力（＝耳）を育てること、「絶対音感」を身につけるレッスンをすることで、脳が発達することもわかってきました。絶対音感を身につけた子どもたちが集中力、記憶力に目覚ましい変化が起こるのも無関係ではないでしょう。わたしは3000人以上の幼児から聞き取り調査を行い、幼児特有の音の聞こえ方や理解の仕方を研究し、絶対音感を身につけるメソッドを確立しました。

わたし自身、絶対音感を持っていて心から良かったと思っています。毎日がとても楽しいのは、自分の中に「音」を持っているからかもしれません。いつも頭の中には音楽が流れていて、楽譜がなくても自動演奏のように指が勝手に動くことや、「音」でいろんなことがわかることは、大変便利です。

まだまだ知られていない「絶対音感」という音の世界を、もっと多くの方に知ってもらいたい。そして、音楽家を目指さない多くのお子さんたちもその力を身につけることで、隠れた能力を発揮してほしいと願い、この本を書きました。

もしかすると、あなたのお子さんもこの「絶対音感メソッド」で、さまざまな才能を花開かせる人に育つかもしれません。音楽を習ったことがないという親御さんでもできる簡単なレッスン（それも1回1分！）ですので、ぜひお気軽に始めていただき、将来、自分らしい人生の音を奏でながら、楽しく心豊かに生きる子どもが増えたらいいなと願っています。

幼児の耳を育てるプロ　絶対音感コーチ　鬼頭　敬子

鬼頭流絶対音感メソッド

体験者の声

集中力が身についた！

じっとしていないタイプなので、落ち着きがなかったのですが習い始めて、段々落ち着いてピアノに向かうようになりました。成長したなぁと感じています。ありがとうございます。

（年長さんのお母様より）

音と遊んでいるようで毎日とても楽しそう！

休みの日はパパと一緒に絶対音感のカード取りのレッスンをしたり、ピアノを弾いたりしています。カルタ取りのように和音、単音、ピンポーン（インターホン音）など全ての聴音のカードを並べて、音が鳴るとその中から瞬時に取ります。

すごいスピードで取れています。先生がよく「音がわかると楽しい」と仰る意味が子どもを見ているとよくわかります。まるで遊んでいるようです。

とても楽しいようで、ピアノも頑張っています。

（年中さんのお母様より）

２歳で音符が読めるように！

絶対音感のレッスンを始めてから、いろいろなことができるようになりました。

音符が読めるようになったり、音がわかるようになってきて嬉しいようです。子どもの能力に驚きます。

（2歳生徒さんのお母様より）

レッスンで風邪がわかる

絶対音感のレッスンで「風邪をひいている」ことが、先生にはすぐわかるのでスゴいと思います。レッスンはとっても楽しいようで、いつも「楽しかった」と言っていて、家のレッスンも楽しくしています。

（2歳生徒さんのお母様より）

私も一緒になってやってみたけど…子どもってスゴイ！

絶対音感が身に付けられるなら、付けさせてあげたいと思ってレッスンを始めました。最初は私の方がわかっていたと思っていたのですが音が増えてくると、私には全くわからなくなり、大人には絶対音感が身に付かないことがよくわかりました。家でのレッスン方法も、子どもが飽きないようにいろいろアドバイスして下さり、安心してレッスンができます。

（３歳生徒さんのお母様より）

幼稚園のうたを耳コピして家で弾く

幼稚園のうたをいちばん最初に曲を覚えて、耳コピしてピアノで弾いていたり、みんなに教えているそうです。自分で譜読みをして、練習していきます。わたしが間違っているんじゃない？　と言うと怒るので、そのままレッスンに行きますが先生に注意されたところを楽譜を見て直しているようです。ホントにピアノが楽しいようです。

（年長さんのお母様より）

1歳半のときにレッスンスタート！

話せなくても、音は蓄積するから気にせずレッスンを続けてください。という先生の言葉に半信半疑になりながらもレッスンを続けました。最初は音に反応するだけでしたが、次第に集中して音を聴くように。弾いた音を当てた時には本当に感動しました！　英語の歌を聞かせていたらネイティブの発音も身につき、成長したなと嬉しくなります。

（３歳生徒さんのお母様より）

もくじ

序章 誰もが身につけられる「絶対音感」とは？

第1章

なぜ「絶対音感」は脳を発達させるのか？
――子どもの成長は「聴く力」で変わる

第2章

子どもがどんどん賢くなる！鬼頭流絶対音感メソッド、5つのツボ

——鬼頭流はここが違う

♪ メソッドQ&A　90

第3章 1回1分！鬼頭流絶対音感メソッドの進め方
――親子で楽しく続けるコツ

第4章 わが子のためにいちばん大切な、親だからできること
――未来を育てる「今」をつくる

ちょっと長めの、あとがき

「音を楽しむ」子は、人生も楽しい

カバー・本文イラスト　玉村幸子
本文デザイン　浦郷和美／森の印刷屋
企画協力　松尾昭仁（ネクストサービス株式会社）

序　章

誰もが身につけられる「絶対音感」とは？

「絶対音感」がある子は何が違うのか

幼少期には無限の可能性があります。その時期にある感覚を磨くと思わぬ才能や能力が開花する、と言ったらどう思われますか？

はじめまして。絶対音感メソッドを教えている鬼頭敬子と申します。
まるで能力開発のスイッチでもあるかのような、その感覚とは、聴く力、聴覚です。
それは「絶対音感」と呼ばれる音感を身につけることから磨くのがいいと、わたしは思っています。

絶対音感と聞いて、「うちの子は、音楽家にさせるわけではないから、絶対音感は必要ないわ」「絶対音感なんて才能、持っているわけないし」……。こんな風に思っているなら、少しもったいないことかもしれません。

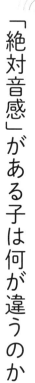

例えば、わたしの教室で絶対音感を身につけた子は英会話が得意です。海外留学などしたことないのに、発音はネイティブ並み！

なぜだと思いますか？

それは、耳がいいからです。ワンフレーズ聴いただけでその音の真似をして話すことができるのです。絶対音感があると、聴いた「音」を自分で再現できるため、ふだん日常にはない外国の音もマネしやすいんですね。

そもそも、絶対音感とはピアノやギターなどの楽器の音を聴いて、「ドレミ」という音名でわかる音感のこと。つまり「音」を記憶しているということです。

普段わたしが指導している絶対音感のレッスンでは、脳が発達する幼少期に、五感のひとつである「聴覚」を鍛えます。

人間の脳は、3歳までに80パーセント、6歳までに90パーセントが完成するといわれているので、この時期ならレッスンによって、絶対音感は誰でも身につけられます。

さらに脳内でつながっている五感も鋭くなります。この聴覚、嗅覚、味覚、触覚、視覚という五感すべてが「音」を聴き分けるレッスンにより、研ぎ澄まされ、さらなる才能の呼び水になるのです。

偉人たちを見てみても、幼少期から音楽教育を受けていたベートーヴェンやモーツァルト、レオナルド・ダ・ヴィンチやアインシュタインも音の研究や楽器を発明したというエピソードによって絶対音感があったといわれています。

ちょっと遠い話に聞こえるかもしれませんが、そう考えると絶対音感によって目覚める才能があるのでは……と思えてきませんか？

記憶力、計算力、創造力…。音感が育つと、音楽以外の能力まで伸びる！

わたしの教室に通われているお子さんを見ていて感じるのは、絶対音感がつき始めると、言葉を理解する力や、記憶力が良くなっていくということ。これは、わたしの教室に通っている多くのおかあさんからもよく言われることです。

例えば2～3歳児のおかあさんに話を聞くと、

「何も教えていないのに、ひらがなを読めるようになっていました。電車のアナウンスを聞いて駅名を見てるだけで、ひらがなを覚えてしまったみたいです」

「それまで落ち着きがない子だったのに、人の話を最後まで集中して聞けるようになりました」

「いつの間にか数を覚えて、食事の前には家族の分の数の食器を準備してくれるようになりました」

など普段の生活のなかで気づいた変化があるようです。わたし自身も、毎週生徒さんに会うたびに、脳がどんどん発達して賢くなっていくのが、手に取るように感じられます。

わたしには娘がいますが、胎児のときから話しかけたり、童謡をたくさん聞かせたり、一緒に歌を歌ったりしていました。要はわたしが現在、スクールで教えている絶対音感のレッスンのもととなったことを試していたのです。おかげで、発語も1歳8

か月ごろには「電車、音、今」「ママ、ジュースちょうだい」などと3語文も話していました。2歳ごろまでに8割の子が2語文を話すという発達段階からすると、早かったこともあり驚かれましたが、何より音に関しては、小さいころからいろんな音を記憶していました。

これは聴く耳が育ち、脳が育っていた証だったのだと思います。

また、わたしはピアノも教えるのですが、一般的には「五本の指を動かせるようになる」ことや、「左右違うタイミングで手を動かせるようになる」までに時間がかかるものです。この単純そうで複雑な指の動きは案外難しいことなのです。ところが、絶対音感を身につけた子は指が動くようになるまでのスピードがとても速いのです。子どもにとって苦労する時間が短い分、ピアノがラクに弾け、楽しいと感じるようです。

絶対音感を身につけているお子さんは「音」がわかり、微妙な音の聴き分けができますから、楽譜を見て弾いていても、間違えた音を弾くと気づいて、自分で弾き直しています。先生から指摘される前に自ら修正できるのです。

このように、どのお子さんも記憶力が良く、言葉の理解力も高くなることを25年以上もの間、目の当たりにしてきました。絶対音感レッスンを始めてから、苦手だった計算問題が得意になったり、譜読みが速くなったり、順序立てて説明ができるようになったりというお子さんもいらっしゃいます。脳が発達している手応えを感じるとともに、何年指導していても発見の連続で、子どもの力にはびっくりすることばかりです。

絶対音感を身につけることで、「音楽の才能」はもちろんですが、ほかの能力の発達にもつながっていくのです。あらためて、幼少期の可能性は無限なのだと実感しています。

3000人以上の幼児から生まれた鬼頭流メソッド

いまは絶対音感メソッドを教室で教えているわたしですが、そもそも自分に絶対音感が身についたのは、3歳からヤマハ音楽教室でオルガンを始めたのがきっかけです。4歳にはエレクトーンを始め、特に絶対音感を身につけるレッスンをすることなく、8歳のころには、歌謡曲を瞬時にアレンジしながら即興演奏を楽しんでいたことを覚えています。

ですが、当時は絶対音感という言葉を聞いたことがありませんでしたし、ましてや小さいころから身につけているため、世の中の「音」というものは、他の人も自分と同じように聞こえていると思っていました。

そんなわたしが「他の人の聞こえ方は、何か違うようだ」と気づいたのは、高校の英語の授業でした。ネイティブティーチャーから発音が良いことを褒められたことがあったのですが、このときとても不思議に感じたものです。

「どうして他の人はこの音（英語の発音）を聴いて、それと同じ発音をすることができないのだろう？　もしかしたら、他の人には違って聞こえているのだろうか？」と。

その英語の授業での気づき以来、自分が持つ「絶対音感」というもの、そしてそれを身につけられた「幼少期」に隠された何かに探究心を抱き続け、その後、絶対音感や子どもの脳力の発達についてなどの文献を調べるようになりました。そこで聴覚の発達はどうやら6歳までにほぼできあがってしまうということを知ったのです。

そして26年前、わが子の妊娠をきっかけに、実際に胎児から幼少期の力を検証し始めました。

まず何をしたかというと、自分の子どもに早期幼児教育を始めたのです。これがきっかけとなり、その後の鬼頭流絶対音感メソッドへとつながっていくこととなるのです。

この絶対音感メソッドを確立することで、どんなお子さんでも絶対音感を身につけられるようになりました。

しかし、このすばらしい能力は、脳の発達と関係が深いため、およそ6歳が臨界期（能力を身につけられる時期）。楽器を習っているなど音に触れ、慣れているお子さんでギリギリ7歳までしか身につけられないのです。

これまでにも多くのおかあさんが「うちの子が小さいころに、先生とお会いしたかったです」と残念がっていらしたり、各業界の一流の方々も「わたしも絶対音感がほしかった」とおっしゃっていました。人生がスタートしたばかりの幼少期に、生涯使う記憶の受け皿を良くするためにも、少しでも早いレッスンのスタートをオススメします。

第 1 章

なぜ「絶対音感」は脳を発達させるのか？

―― 子どもの成長は「聴く力」で変わる

そもそも「絶対音感」とは何か？

人は、いつから音を聴き分けられるようになるか知っていますか？
じつは聴覚は、五感のなかでもっとも早く発達し、妊娠8週ころには、三半規管などの耳の原型ができます。そして、妊娠26週ごろにはほぼ完成し、外の音や声が聴こえるようになり、おなかの中でおかあさんの血液が流れる音や心臓の鼓動、おかあさんの声を聴きながらすごしています。外からの音はあまり聞こえていないようですが、それはプールの中に潜ったときに、聞こえにくい状態になるのと同じようなものかもしれませんね。また生後1歳くらいまでは、視覚よりも聴覚を頼りに周りの状況を把握しています。

日に日にできることが増えていく幼少期は、脳もぐんと発達する時期。ほかの感覚器に先駆けて発達した聴覚は、脳の成長とともに6歳ぐらいまで発達すると言われています。それ以降は、必要としない音情報を処理する脳の回路が閉じられていってしまいます。この時期にしか身につかないのも納得ですね。

さて、「絶対音感」とは何でしょうか。

「絶対音感」とは、その音だけ聴いて、「ドレミ」という音名でわかる能力のことです。この能力は決して、持って生まれた才能ではありません。聴覚が発達する6歳くらいまでにレッスンをすれば、だれでも身につけることができる能力なのです。

これに対して、「相対音感」という能力があります。

この能力は、最初の基準となる音を教えてもらい、その基準音と比べることで、音名がわかる能力のことです。こちらは、大人でも身につけることができます。

つまり、「絶対音感」は、「ファ」の音を聴いて、「ファ」とわかる能力ですが、「相対音感」は、例えば初めに「ド」の音を教えてもらい、その基準音から「ドレミファ」と歌ったりすることで、「ファ」がわかる能力なのです。

生活音まで音名で聴こえるって本当？

では、その「絶対音感」はどのくらいの人が持っているのでしょうか。

新潟大学の宮崎謙一先生「絶対音感保有者の音楽的音高認知過程」（1997〜1998年度文部省科学研究費補助金（基盤研究C）研究成果報告書 1999年）によれば、ポーランドのショパン音楽アカデミーの学生で約11パーセント、早期音楽教育が盛んな日本の音大生で約30パーセントです。

「絶対音感」を持つ人が少ないため、「絶対音感」という能力に対して、様々な誤解があるように思います。その誤解は、「絶対音感」を持つ人が表現する、それぞれの聴こえ方、感じ方に違いがあることから起こっています。というのも、「絶対音感」を持っている人のなかにも、個人差があるからです。

例えば、「カラオケで、キーを上げ下げされると、違和感を覚えて楽しめず、原曲でなければ歌えない」と表現をする方がいらっしゃいます。そんなことを聞くと、「絶対音感」という能力は音楽を楽しめなくするもので、持っていなくてよかったと思うでしょう。でもそれは、個人的なひとつの感想です。ちなみにわたしはキーを上げ下げしても楽しく歌えます。

ほかにも、「生活音まで音名で聴こえてきて、不協和音で気分が悪くなる」という表現を聞けば、とても繊細で、生きづらそうに思います。でもこれも個人的な感想であり、わたしはそんなことが全くありません。

つまり、「絶対音感」を持つ人も、同じではないということです。

これは例えば「英語が話せる人」といっても、簡単な会話ならできる人、母国語と同じように話せる人、ビジネス英語まで話せる人というように、「英語が話せる人」でもかなり幅があることと同じです。

「絶対音感」を持つ人のなかでも、「ド」「ファ」という1つずつの単音だけならわかる人、「ドミソ」「シレソ」などの和音もわかる人、適当にたくさんの音を鳴らしてもすべてわかる人など、聴き取る力だけでもかなり幅があるものです。

また、先ほどの「カラオケでキーを上げ下げされると、違和感を覚える」という方は、「絶対音感」だけを持っている人かもしれません。「固定ドでしか歌えない」といった表現をすることもあります。

「固定ド」というのは、例えば「かえるのうた」は、ハ長調で「ドレミファミレド」と歌います。これをヘ長調にすると「ファソラシ（♭）ラソファ」となりますが、ハ長調からヘ長調に変わってもピアノの鍵盤は同じ位置にあるままなので、鍵盤をそのまま歌うのが、「固定ド」というものです。絶対音感を持つ人が、「固定ドでしか歌えない」という意味は、「ファ」の音を聴いて、「ド」とは歌えないという意味です。これについても、わたし自身は、どちらでも歌えるので、あまり不便を感じたことはありません。

また「固定ド」に対して、「移動ド」というものがあります。ピアノの鍵盤の「ファ」を「ド」に書き換えたとイメージをするとわかりやすいかもしれません。「絶対音感」を持たない人は、「ファ」を「ド」に移動させて「ドレミファミレド」を違和感なく歌えます。それは、音を聴いても「ド」や「ファ」などの音名が判断できませんから、ヘ長調の「ファソラシ（♭）ラソファ」を聴いても、「ドレミファミレド」

ども聴こえるからです。これは、「ドとレ」や「ファとソ」など、音から音への幅が同じなので、そう聞こえるようです。

音楽に絶対音感はいらない!?

さて先ほど、「絶対音感」だけ持っている人という表現をしました。実は、ここにも一般的に少し誤解があるように思います。

よく、音楽に必要なのは「絶対音感」ではなく、「相対音感」だという表現を耳にします。この表現でいうと、2つのうち「どちらかしか持てない」ということが前提にあると思うのですが、そんなことはありません。両方とも持つことができます。

わたしは3歳からオルガン、4歳からエレクトーンを始めたことで「絶対音感」が身につきました。その後、エレクトーンやポピュラーピアノで、洋楽やポップス曲の移調や転調などの演奏レッスンを繰り返したことで、「相対音感」も身につけたようです。そのため、「絶対音感」だけを持つ人とは違った感覚を持っており、「絶対音感」と「相対音感」を用途に応じて、自然に使い分けているようです。

例えば、音楽を聴いているときには「絶対音感」が優位に働きますが、カラオケや演奏でキーを上げるときは、「相対音感」が優位に働き、自分がカラオケの機械になったかのように、「ド」から「レ」にキーを上げると、すべての音階がその調に自動的に変わります。その音が頭の中に流れるため、それを「絶対音感」で聴きながら弾いていくといった感覚です。現代音楽であるポピュラーピアノやジャズピアノなどでは、アレンジや作曲などをしますから、この能力はとても便利です。

またわたし個人の感覚としては、生活音が音名で聞こえることもありません。例えばドアをノックする音、グラスを叩く音など生活音は、ピアノの「ドレミ」という単音では表現できません。というのも、生活音は音が重なったり、濁ったりしているため、その音を表現する単音の鍵盤がないからです。

わたしの場合は、ドアを叩く音は「コンコン」、救急車のサイレンも「ピーポー

ピーポー」と聞いています。来る前と通り過ぎた後では音名で表せば違いますが、それをしたところで何も面白くないので、普段は「耳を閉じて」います。

人間は環境に順応することができますし、「絶対音感」は、幼少期に身につけるため、その人にとっては、その状態が普通であるわけです。それをうるさいと感じれば、そう感じないようにすることもできるのです。それをわたしは「耳を閉じる」という表現をしています。自然に音楽と関係がない音は、音名に直さないように柔軟に対応しているようです。これは、想像なのでわかりませんが多分、「絶対音感」を持たない人と同じ聴き方をしているのではないかなと思います。生活環境に順応するために、「耳を閉じる」という能力を身につけたのです。

このように「絶対音感」を持つということは、どんな音でも音名にするということではなく、ピアノの音やヴァイオリンやフルート、ギターなどの楽器の音が音名として聴こえることで、音楽が楽しくなる能力です。

それだけでなく、頭の中で音楽を作ったり、楽譜を見て正しい音で歌えたり、いつも音楽が頭の中に流れていたり、そのメロディを何も考えなくても演奏ができたりと、現代音楽を楽しむ多くの人にとって、便利で楽しく活かせるものだということです。

そんな「絶対音感」の世界を、ピアノや楽器を習う前に、多くの子どもたちが身につけると楽しいなと思います。

モーツァルトの曲より
ＩＱが上がる理由

いったい「音」と「脳」には、どのような関係があるのでしょうか？

近年の研究では脳機能の発達に、幼少期に聴く「音」が重要な作用を及ぼすことがわかっています。例えば、生まれてきたばかりの赤ちゃんは、視力が未発達なため、音に敏感に反応します。また、浴びるように多言語を聞いていた子どもは、教えたわけでもないのに、バイリンガルに育ちます。

なぜでしょう？　それは聴覚が他の感覚器よりも早く発達していて、耳から聞いた音の情報を深く理解しようとし、脳が刺激され発達していくからです。言葉の意味などわからなくても、音と一緒に言葉や使うタイミングをどんどんインプットしていきます。たくさんストックされると、それを少しずつ発語しながら、アウトプットし始めます。脳が発達する幼少期に言葉だけでなく、親からのさまざまな働きかけで脳への刺激が多いほど、脳の回路をつなぐシナプスがたくさんできます。このシナプスがつながりスムーズに動くようになれば、計算や記憶をするときにも、より早く脳内回路がつながりやすくなります。

では、幼少期にたくさん音楽を聴かせるだけでいいのでしょうか?

よくモーツァルトを聴くとIQが上がると言われます。しかし、これについて、ごく普通の人がアインシュタインのような天才になるためのコツを紹介した『アインシュタイン・ファクター』(ウィン・ウェンガー、リチャード・ポー共著、きこ書房)では、面白い実験結果があります。

カリフォルニア大学、神経生理学・記憶センターでは、標準的なIQテストの一部で右脳能力を測るテストを36人の大学生を対象に行いました。試験後、彼らにモーツァルトの「2台のピアノのためのソナタ　ニ長調K448」を10分間聴かせ、再び試験を受けさせたところ、彼らのIQは前回よりも8~9ポイントの上昇をみせたのです。ですがこの効果は、15分後に消えてしまったそうです。

単に音楽を聴かせるだけでは、脳の変化は一時的なもので終わってしまうのかもしれません。

一方で絶対音感についてでは、「絶対音感がつく訓練によって、子どものＩＱを永続的に10ポイント以上上げられる」、「単語の理解力や特定の数学スキルの能力を司る脳の側頭平面を大きくする作用がある」という研究結果が記されています。

それでは、ＩＱが上がるとどんなメリットがあるのでしょうか？

ＩＱ（知能指数）の平均は、１００です。

例えば、あなたのお子さんが、平均ＩＱの１００だったとしましょう。それが10ポイント以上上がるということは、ＩＱが１１０以上となり、平均よりワンランクレベルの高い情報処理能力を身につけられるようになるということです。幼児期のＩＱは個人差が大きいのですから、他のお子さんより頭の回転が良いだけでなく、記憶力、理解力、判断力、直感力を持ち、その力を使いながら、問題解決力を身につけていくことになるので、早い時期から才能の芽が出やすいのです。

また記憶力の良い子は、覚えるための時間が少なくて済みますから、みんなと同じ時間でも効率良く、より多くのことを覚えることができます。わたしの教えている生徒にも、IQを120から140にまで上げた4歳の男の子がいます。幼稚園の課題である詩の暗誦や俳句、百人一首などをあっという間に覚えてしまい、幼稚園の先生も驚いていているそうです。

このように「絶対音感」を身につけるレッスンをすることで、幼少期に賢い脳をつくることができ、その後の学習効率の良さが変わってきたのではないかと思います。

ＩＱが１４０以上になってビックリ

Ｄくん（年少）は、早期教育の塾や通信教育などではなく、２歳ごろからおかあさんが文字や百人一首、パズルなどを教えていました。男の子というのはじっと座っているのが苦手なため、ひらがなやアルファベットを覚えさせることに大変苦労されたそうです。

おかあさんの努力もあり、２歳当時のＩＱは１３０だったそう。ところが３歳になるとＩＱは１２０に。普通は年齢とともに下がっていくものかなと思っていたそうです。

絶対音感のレッスンを始めたのは３歳半でしたが、ちょうど百人一首を覚えているところでした。覚えることが苦手で、一首覚えるのに１～２時間かかっていたそうです。

ところが絶対音感レッスンを始めて、大人にも難しいと思っていた譜読み

（楽譜を読めること）がたった2週間でできるようになったことに驚いたといいます。そして、音を覚えるたびに、百人一首を記憶するスピードも速くなっていき、記憶力がどんどん良くなっていく手応えを感じたそうです。半年経つころには、一首を20分くらいで覚えてしまうようになったのです。

また以前は苦手だった、絵を見て記憶し、次の絵との違いを見つける問題が得意になったり、工作の手順を順序立てて話せるようになったり、人の話を「聴く耳」が育っているなど、大きな成長を感じていらっしゃいます。

絶対音感のレッスンをしていても、落ち着いて集中できるようになり、新しい和音も1日で覚えてしまうほど、音の記憶スピードが速くなりました。

そして、絶対音感レッスン開始から7か月が経ち、4歳のIQを測ってみると、IQ140以上だったそうです。こんなに短期間で、IQが20ポイントも上がったなんて驚きですね。

「習い事はピアノがいちばん」といわれるのはなぜ？

子どもの能力の幅を広げたいと思ったら、早期教育であれこれやらせるよりも、まずは聴覚を鍛える「絶対音感」のレッスンに取り組むのが近道といえるでしょう。

しかし、ここで注意が必要です。

聴覚はほかの感覚器よりも早く発達する分、能力を伸ばせる期間もほかの感覚器より早く終わりがやってきます。この終わりの時期を「臨界期」と言います。もちろん「絶対音感」にも臨界期があります。聴覚が発達のピークを迎える6〜7歳です。言い換えれば、それまでに「絶対音感」のレッスンをすれば、脳へ非常に良い影響を与えられるのです。

わたしのところでは、絶対音感のレッスンの途中から、ピアノを教えていきます。

ピアノは脳科学者の澤口俊之先生（人間性脳科学研究所所長、武蔵野学院大学・大学院教授）が、「人生の成功に関係するすべての基礎がピアノで高められる」と力説し、脳に一番良い習い事であるとおっしゃっています。（出典：PTNA http://www.piano.or.jp/report/04ess/livereport/2015/07/29_20010.html）

ピアノを習い始めたばかりの子どもたちは、思うように指が動かないものです。2番の指である人差し指を動かそうと思っても、4番の薬指が動いてしまうのです。子どもたちは、指が思ったように動かせないことに、イライラしてやる気を失います。そんなお子さんの姿をみると、おかあさんは「どうしてできないの！」と怒りたくなってしまいます。大人は少し練習すれば、できるようになるので同じようにできると思ってしまうからです。

そんなときは、こんなお話をします。

「おかあさんは、指を動かせるから、動くのが当たり前に思うかもしれません。でも子どもは、指を動かすための回路を今、工事しているんです。だから、すぐには動かないんですよ」って。

こうしてお伝えするだけで、おかあさんもイライラしなくなります。

このように子どもたちには、頑張ってもまだ未発達なため、すぐにはできないことがたくさんあります。いくら怒ってもできないことは、仕方がないんです。

『ただいま、工事中です。ご迷惑をおかけいたしますがしばらくお待ちください』という看板を掲げている子どもたちを、あたたかく見守ってくださいね。

ピアノという楽器は、両手で違う動きをしながら、楽譜で先を瞬時に記憶して、記憶したところを弾き、さらに目では次に弾く楽譜を見て記憶しています。少し未来を見ながら、現在、奏でている音を聴き取り、先ほど記憶した音と同じかどうかを確認しているのです。

それだけではありません。ピアノを弾くまでには、音符の長さやリズム、譜読みなど覚えることがたくさんあります。複雑に脳を使う楽器だからこそ、いかに早く指が動かせるまでにするか考えてみると、まず「絶対音感」を身につけ、「音がわかる」状態にし、脳を発達させておくことは、いちばん効率が良いことなのです。

わたしの教室では、音がわかるだけでなく、2歳のお子さんでもあっという間に、楽譜もスラスラと読めるようになるよう、音と楽譜をつなげるレッスンをします。幼児のうちから自分でピアノを弾けると、お子さんがラクになるだけでなく、おかあさんも家での練習でそばについて教えなくてもいいので、とてもラクになるようです。

さらに、「絶対音感」のレッスンを行ったお子さんは、指がスムーズに動かせるようになるまでにかかる時間が短いと前にもお伝えしましたが、ピアノから習い始めるお子さんの約半分くらいの時間しかかかりません。これには大変驚きます。

〝手は見える脳である〟などといわれることもありますが、「絶対音感」や「ピアノ」は、脳に良いことがおわかりいただけたでしょうか。

微妙な音を聴き分けられることのメリット

ピアノを上手に弾いている人を見ると、誰でも簡単にできそうに思えます。

ところが、いざピアノのレッスンを始めてみると、薬指が鍵盤に吸盤で吸いついたかのように固定されてしまったり、中指を動かそうとしているのに、人差し指が動いてしまったりと、一本の指を動かすだけでも大変です。

ピアノを弾くためには、まず指を一本ずつ動かす訓練が必要です。さらに、ドレミという音階の鍵盤の位置、音符の長さやリズムなど、覚えることや同時に行うことがたくさんあります。

しかし、脳からの指示がスムーズに伝わるようになって、やっと奏でた音なのに、何の音なのか聴き取れないとなれば、鍵盤を見て音の確認をするしかありません。多くのお子さんが、鍵盤を〝見て〟弾くのはこのためです。耳で「音」を聴くのではなく、目で「音」を確認してピアノを弾いているのです。

ですから、上手に弾いているようでも、「音色」が聴けていないということが起こります。

ピアノを習っていれば、聴き分ける聴力が育ちそうですが、実際は、たくさんのことを同時に行い処理しなければならないため、「音」を聴く余裕がないお子さんも多くいます。ピアノだけでは、音を聴き分けるレッスンにはならないのです。繊細な音の響きまで聴き取れているか否かは大きな違いです。

また、先ほどもお伝えしたように、微妙な音の聴き分けができることで、間違った音を弾くと気づくことができます。幼児でも自分ひとりで楽譜を見て、弾けるようになっていくお子さんが多いのです。

例えば、発表会用の曲は、普段より少しレベルアップした曲を選曲することが多いのですが、幼稚園の年少のあるお子さんは、最初の1段目をおかあさんと一緒にレッスンしただけで、後は自分ひとりで全部弾けるようになっていたそうです。わたしも驚きましたが、「いつの間に？」といちばん驚いていたのは、練習をいつも自宅で見ていたおかあさんでした。

レッスンで確認してみると、リズムができていないところがありました。また驚いたことに、

「ここのリズムができないから、どうしたらできるようになるか教えてください」

と言ったのです。

リズムができていないことを自分で把握し、解決するためにはどうしたらいいのかと聞いているのです。

たいてい、思ったようにできないことに腹を立て、イライラしてやる気をなくす幼児が多いものです。ですが、このお子さんには自分で問題を解決する力が育っていたんですね。

自分ひとりでは難しかったリズムも、区切って5分くらいレッスンしただけで、すぐできるようになりました。絶対音感のレッスンをしていないお子さんは、これほど

短時間でできるようにはなりません。理解力も絶対音感によって伸びているようです。

このように絶対音感があると、ピアノの同じレッスン時間でも大きな差がでるのです。

幼稚園の先生が弾いた曲を自宅で演奏

絶対音感を身につけ、音が「ドレミ」で聴こえるようになっていくと、音楽が楽しくなるようで、日常にも変化が表れてきます。

たとえば、幼稚園で歌う曲をいちばん最初に覚えて、クラスのみんなに教えてあげたり、ピアノが弾けるようになると、幼稚園の先生が弾いた曲を覚え自宅で弾き、おかあさんを驚かせます。

このように、聴いた曲を演奏する「耳コピ」ができるようになると、楽譜がなくても絶対音感を使ってすぐにピアノを弾くことができるため、自然にピアノに触れる時間が多くなっていくようです。聴こえた音がわかり、その「音」をピアノで表現して楽しむ姿は、楽譜を見て弾くという楽しさとは少し違うようで、おかあさんたちから「ピアノを弾く後ろ姿を見ていると、音楽を心から楽しんで弾いているようです」と喜んでくださっています。

7歳までに子どもの耳は決まる！特に3歳までは重要

さて、生まれてすぐの赤ちゃんは視力が0・1以下くらいで、焦点も合わないため、おかあさんの顔もぼんやりとしか見えていません。ですから、ほかの感覚器に先駆けて発達した聴覚を頼りにして、さまざまなことを知っていきます。

ところが、大人でも、音の正体がわからないときには不安になるのと同じように、赤ちゃんにとって、外の世界はおなかの中では聴こえなかった知らない音ばかりで、とても不安な状態です。そんなとき、おなかの中でずっと聴いていたおかあさんの声が聴こえたら、どんなに安心できることでしょうか。

おかあさんの声を覚えてもらうためにも、おなかの赤ちゃんには話しかけたり、絵本を読んだり、歌を歌ったりして、おかあさんの声をたくさん聴かせておきましょう。赤ちゃんとのコミュニケーションも取れるようになり、絆が深まります。

このように、生まれたばかりの赤ちゃんは「おかあさんの声の音」を知っていて、絶対音感を持っている人と同じく、とても耳が良いのです。それならば生まれてすぐから、CDやパソコンなどから英会話を流しておけば、英語が話せるようになりそうですが、残念ながらそうではないのです。

1歳までのお子さんは、CDやパソコンなど何かの媒体を通してしまった音は認識できず、目の前にいる人間からの直接の音でしか学べないようです。そのなかでも、いちばん良いのはおかあさんの声みたいです。

きっと赤ちゃんは、現実の音と機械の音との違いを聴き分けているのではないかと思います。わたしはCDやパソコンからの音は、空気感を含まない「圧縮している音」のように生の音とは違って聴こえます。近年、その空気感のように耳に聴こえない音が、人間にとって「感動」と「安らぎ」になり、きわめて重要だということがわかりました。1歳までの赤ちゃんの聴覚は、人間として成長していくために必要なことになにか関係しているのかもしれません。1歳を過ぎると、何かの媒体を通した音も認識できるようになります。

そして、それ以降は年齢が上がるほど、視覚も発達し、言葉を話すようになることで、だんだん聴覚に頼らなくてもよくなりますから、聴き分ける力が下がっていくようです。これは、3歳までに脳の80パーセントが完成し、使わない能力の間引きが行われていくからかもしれません。

絶対音感のレッスンを習っている、2歳と5歳のお子さんに英語を聴かせて発音をしてもらうと、2歳のお子さんの方がネイティブな発音をします。まだ他の知識も少なく、音をそのまま純粋に聴き分ける能力やその音を真似て同じ音を出せるだけでなく、それを同じ音だと認識できる能力（=聴き取る能力）が高いのです。

また、最大で7歳までの臨界期が近づくにつれ、言葉数や他の知識も増えていくため、ご自宅でのレッスン中も、単に聴覚だけでなく、さまざまな思考が働いてしまい手を焼くことも多くなってしまうようです。

ですから、脳が急激に発達する3歳までの方が、聴覚だけで純粋に音を聴くことができ、身につけやすく、臨界期までにも時間があるため、より質の高い「絶対音感」の能力を育てられるのです。

男の子と女の子で、こんなに違う音の感度

一般的に男の子というのは、女の子に比べると耳の感度が鈍いようです。

というよりも、男の子というのは自分の世界を持っていることが多く、そこに集中して入り込みすぎ、あまり周囲が気になりません。急に動くものが気になったり、走り回ったり、飛んだり跳ねたりと忙しく動き回っている子も多いものです。そのため自分のことで精一杯で、他のことを気にする余裕がなく、人の話を聴こうとする体勢が整っていません。

また、男の子が好むおもちゃは、ガチャガチャと大きな音をたてて電車や車が走ったり、戦闘グッズなど、ガシャーン、シューンと音が出るものが多いです。このような環境で普段から過ごすことは、耳にとってあまり良いとはいえません。

それに対して女の子は大きな音の出るおもちゃは少なく、おかあさんの近くで一緒

におかしを食べているお子さんも多く、普段から周りの人の話や音をよく聴いています。おままごとでは、そのご家庭の会話や様子が忠実に再現されてしまうという場面をよく見かけます。まだ喋れないからと安心していると、言葉を話すようになって突然1年前の話を昨日のことのように話し出したりします。女の子の前では油断は禁物です。そのくらい女の子というのは、常に周囲にアンテナを張りめぐらしているので、自然に耳の感度が高くなりやすいのです。

「絶対音感」を身につけるレッスンでも、女の子と比べると男の子の方が耳の土台づくりに少し長く時間が必要です。ですから、男の子の耳を育てたければ、早い時期からレッスンをスタートすることが大切ですし、音がわかるようになるまでに少し時間がかかることも知っておくと良いでしょう。

絶対音感レッスンだけでなく、英語の発音やリスニングも男の子には少し難しいようです。

音声言語の能力は、生後半年くらいから伸び始め、『「学力」と「社会力」を伸ばす脳教育』（澤口俊之著・講談社＋α新書）によれば臨界期は7歳だそうです。

よく「英語は、何歳から始めればいいのですか？」というご質問を見かけますが、音の観点から言えば、英語には、日本語にはない音があるので、臨界期を過ぎてしまうとその音が聴き取れなくなります。話せるようになるかどうかは別問題として、「絶対音感」と同じく、英語の「音」やリズムを覚えさせる意味で考えると、早い方が良いのです。

1歳までは、直接対面している人からしか学べないといいます。

おかあさんが赤ちゃんを抱っこして、目を見ながら英語で話しかけたり、英語で歌を歌ったり、洋書絵本を読んだりするのがオススメです。その場合、ネイティブな発音でなくても全く問題ありません。おかあさんの声で一緒に英語の音を楽しむと考えてください。1歳を過ぎれば、機械からの音もわかるようになりますから、一緒に英語に親しむとよいと思いますし、英語を流しておくだけでも、英語の音を聴き取ってくれるようになります。

特に3歳までのお子さんは、これは日本語、これは英語などと区別して聴いているわけではありません。たとえば、赤ちゃんのころから、英語と日本語を聴いているお子さんは、ひとつの文章に英語と日本語をまじえて話していることがあります。そのくらい子どもにとって、言葉の「音」に国境はないのです。

英語の文法や、単語のスペルなどは大きくなってからでも、学べます。でも、「音」だけは、臨界期を越えてしまえば、習得することはできません。

「絶対音感」も「英語」も、幼少期に聴かせるのは、身体の中に正しい「音」や言葉の自然なリズムを持っておくためです。臨界期を知っておくと、「音」を学ぶのは「何歳から」という考え方ではなく、「何歳まで」にしか身につかないから、という考え方に変わりませんか？

レッスン3か月で多国語のネイティブ発音

絶対音感のレッスンで、音が聴き分けられるようになってくると、さまざまな音の違いを聴き分けられるようになります。

そのひとつに英語の発音があります。

英語といえば、日本語にはない「L」と「R」の発音に、苦労された方も多いのではないでしょうか。そのため、正しい発音をするために学校で習ったことは「L」の発音は舌を前歯の裏につけて、「R」の発音は舌をどこにもつけないで発音するというように、その音が出せる舌の動きを学びました。

ところが、絶対音感を持つようになると、個人差はありますが、英語の発音を聴き、実際にその「音」を発音してみることで、「L」と「R」の舌の動かし方を理解します。違いを理屈ではなく「音」から判断することができるというわけです。英語は音から学ぶと良いと言われますが、こういう意味かもしれません。

さて、これは英語に限ったことではありません。

世界にはたくさんの言語があります。どの国の言葉にも、リズムがあり、音があります。そんな音を捉えた生徒さんのエピソードをご紹介します。

3歳で絶対音感レッスンを開始して3か月経ったある日、韓国語で歌っている歌の動画を一度見ただけで、すぐ覚えて一緒に歌っていたそうです。おかあさんは驚いて、友人の韓国の方に聴いてもらったところ、「ピュアな正しい発音で歌っていてスゴいね」と驚かれたそうです。それだけではなく、中国語も日本語も音で覚え、どんどん会話ができるようになっているそうです。

幼少期は言語に対して境界線がありません。

絶対音感を身につけた子どもは、言葉を言語ではなく「音」で感じ取ることができるようになります。初めて聞いた言葉でも、音からコミュニケーションが取れるようになれば、これからのグローバル社会も楽しめるのではないでしょうか。

グズる子、イヤイヤ期の子どもも笑顔に変わる、すごい効果

幼児は、まだボキャブラリーが少なく、言葉を使って自分の意志を表現することが難しいものです。そのため、「魔の2歳」と表現されるイヤイヤ期は、おかあさんにとって大変苦労の多い時期かもしれません。

でも、2歳児にしてみると、自分の意志がおかあさんになかなか伝わらないからイライラしているわけです。うまく言葉にできず、わかってもらえないジレンマからのイライラで、泣き出したりわめいたりして表現をします。

そんなとき、おかあさんは「これがしたいの？　違うの？　どうしたいの？」と理由を聞き出すような言葉かけをよくしがちですが、子どもは理由を聞かれても、うまく言葉を使って伝えることができないのです。そのうちに、自分でもなんで泣いているのか理由を忘れてしまい、ただ泣き叫ぶだけの状態になっています。

こんなときは、理由を聞き出すのではなく、全く違うことに目を向けると効果的です。ほとんどの場合、理由を忘れていますから、何か全く違うことを言われるとすぐに気分が変わります。「あれ？　何だろう？」と遠くを指差してみるだけでも気を散らせることができ、泣き止むものです。

そんな幼少期に「絶対音感」を身につけるレッスンで、「音」がわかるようになれば、子どもたちはぐずることが減り、とても嬉しい表情をするようになります。

今まで言葉を使っての意思疎通が難しかった日々から、大好きなおかあさんに「すごいね！」と心から褒めてもらえるようになって、嬉しくてたまらないのです。「音」を通して、おかあさんの知っている言葉と一致したことで、認められたと感じるからです。

その上、「音」を覚えていくうちに、脳は急激な発達をしていくので、以前よりも言葉の理解力が身につき、魔の2歳から早く抜け出せたことを感じられるようになると思います。

このように、絶対音感を身につけ、自分の中に「音」を持つことは、才能が開花するだけでなく、子どもにとっても楽しく嬉しいことなのです。そんな子どもとおかあさんの笑顔を見ていると、親子の心を繋ぎたいと思うわたしも嬉しくなります。

わたし自身、絶対音感を持っていることで、日々の暮らしや人生がとても楽しく感じられます。最近もこんなエピソードがありました。家の中で何かの「音」がしたときのことです。絶対音感を持たない夫と、絶対音感を持つわたしと娘では、そのときの行動が違いました。

絶対音感を持たない夫は、「なんの音だろう?」と心配そうに見に行きます。ところが、わたしと娘は動きません。なぜでしょうか?

それは、絶対音感があるため、一度経験した「音」を記憶していたからです。

あの音は「階段前の棚に置いてある置物が倒れた音だな」と察しがつくので、あえて見に行かなくてもいいのです。でも主人は、「音」を記憶できないために毎回、「なんの音だろう?」と音の正体を探りに行かなければならないというわけです。「音」を記憶していることで、音から物事を予測できることが多いのは便利だなと思います。絶対音感があるかないかで、行動が変わるのは面白いですよね。

ほかにも絶対音感を持つわたしと娘は、同じタイミングで「音」に反応するときがあります。それは、不思議な「音」を耳にしたときです。その「音」と同じ音が出せるか気になり、声を出して真似してみたくなるのです。同じ音が出せれば、「ああ、やっぱりこの音か」と満足するというものですが、わたしたちは、同じタイミングで声に出して反応してしまうのに、夫は絶対にしません。

絶対音感というのは、自分の中に楽器を持っているようなものなので、自分の中から「音」を出して、確認をしたくなるのかもしれませんね。

また、「音」というのは、天候によっても、自分の体調によっても、音の聞こえ方が変化します。例えばピアノの音が昨日と同じ状態だとしても、晴れの日と雨の日では、違って聴こえますし、自分の体調によっても違って聴こえたりします。

そんな些細な変化に気づけるようになれたら、人が話した言葉の意図を「音」の違いから察知でき、自然とコミュニケーションがうまく取れるようになります。そんな「音」の世界を持つ子どもが増えたら、どんなに楽しくて明るい社会になるだろうかと、想像するとしあわせな気分になるのです。

第 2 章

子どもがどんどん賢くなる！鬼頭流絶対音感メソッド、５つのツボ

——鬼頭流はここが違う

レッスン1か月で音を聴き分ける耳が育ち始める

わたしがおこなっている、「絶対音感」を身につけるレッスンでは、音の名前と実際の「音」を連動させて記憶していきます。ちょっと難しいように思うかもしれませんが、実はアルファベットや単語を覚えるときに行っている方法と同じです。

例えばアルファベットの「A」を覚えるとき、「A」の文字を見ながら、「ｅｉ」という発音を聴き、同じように発音します。これを繰り返すことで「A」という文字を「ｅ・ｉ」と読むことを覚えます。

「絶対音感」を身につけるレッスンもこれと同じように、音符の「ド」を見ながら、実際に「ド」の音を聴いて「ド」と発音します。ただ、アルファベットと少し違うのは、「音」には「ドレミファソラシド」という音階があるということです。

具体的なレッスン方法は第3章でお伝えいたしますが、鬼頭流絶対音感メソッドでは、1か月間、和音の「Cコード（ドミソ）」とピアノの真ん中の「ド」と「ミ」を聴かせます。この1か月は、それぞれの音を聴いて覚えながら、音階を聴き分けるための耳をつくるという、目には見えない土台づくりの期間です。

幼少期、特に3歳までのお子さんにはときどき、このようなことが起こります。脳が急激に発達する過程でもあり、昨日は音がわかったのに、今日は全くわからないということがあります。そんなとき、おかあさんは理解できず、不安になってしまうようです。

でも、心配することはありません。

レッスン回数を正しく行っていれば、「音」は確実に記憶されています。絶対音感のレッスンが進まなくなるいちばんの原因は、レッスンを行っているおかあさんが、「本当にわかっているのかしら?」という不安を抱くことです。おかあさんが不安になると、お子さんも同じように不安になり、レッスン効果が激減してしまいます。ですから、おかあさんご自身が「わかっているから大丈夫！」とどっしり構えていることが、とても大切なことでもあるのです。

また、一度も習い事を経験されたことがないお子さんの場合、「レッスンをする」ということが、どのような状態なのかがわかりません。ですから、普段の生活とは区切りをつけて、「毎日、音を聴くレッスンをする」ということを、習慣にしていきましょう。

さて、幼少期というのは、大人に比べて耳の感度は良いのですが、言葉が未熟で、伝える力が足りません。そのためご家庭のレッスンで「うちの子、全然わかってない」と感じるおかあさんも多いものです。

教室のレッスンでは、音を覚えているかどうかのチェックを、いろんな尋ね方で確認します。普段レッスンでしていない問われ方に対して、パッと答えるお子さんを見て、「すごい！　わかってるじゃない！」とおかあさんが驚いていることがよくあります。これはご家庭での問いかけに「この音、何？」など、毎回同じ言葉を使っていることが原因の場合もあります。

じつは、子どもは、同じ言葉で聞かれることが嫌いです。そのため教室では多分飽きているだろうからと、音の名前を口頭で答えてもらう、カードの上にぬいぐるみなどを置いて、それを取って来てもらうなど、いろんな方法で尋ねています。そうすることで、子どもたちは新鮮な問いかけに感じ、飽きずに答えてくれます。

親子のコミュニケーション力を養うためにも、おかあさんが知恵を絞ってお子さんから聞き出す工夫をしてみると、楽しみながらレッスンができますよ。

また、幼少期のお子さんでは昨日までわかっていたことが、今日は全くわからないというご相談も多いものです。

おかあさんとしては、昨日までわかっていたので当然今日も「わかっている」という認識でいるため、「よく聴いて！　昨日わかったのだから、わかるはずでしょ！」とイライラしたり、「何でわからないの？」と怒ったり、がっかりしたりしてしまうようです。

ですが、幼少期の特性で、本当に「わからない」のです。それは、記憶から真っ白に消えてしまうかのよう。こんなときは、「今日はわからないのね」と理解してあげてください。

これは絶対音感のレッスンだけで起こるわけではなく、普段の生活のなかでも、よく起こっています。

おかあさんは「もう知っている」という認識ですから、イライラして怒ってしまうのですが、子どもというのは発達途上ですから、大人の定規ではなかなかはかれないもの。「子どもって、こんなもの」と思ってみてはいかがでしょうか。それはまるで、電線が、くっついたり外れたりするために、豆電球がついたり消えたりするかのよう。幼児にはこんな状態になることがあると理解しておくだけで、おかあさんの怒りはぐっと減ると思います。

子育てのなかで、親と子のこうした認識の誤解はたくさんあります。そこで教室では、おかあさんに安定したレッスンを行っていただき、子どもたちが良い状態で、早く覚えられるようにするため、幼児特有の状態をお伝えし、お子さんへの理解を深めていただくことにも力をいれています。

もうひとつ、絶対音感のレッスンで起こる特有なこととして、知っておいてほしいことがあります。それは、お子さんが風邪をひいたときによく起こることです。

ある程度コードが安定してわかるようになってきても風邪をひくと、音がまったく聴き取れなくなってしまうことがよくあります。

おかあさんとしては、「せっかくたくさんのコードがわかるようになっていたのにゼロに戻ってしまったの？」と焦りと戸惑いを感じると思いますが、これも幼少期特有なものです。心配しなくても大丈夫！　風邪が治れば元どおり、音がわかるようになります。

幼少期のお子さんは風邪をひくと、鼻水が出たり、鼻が詰まったり、また中耳炎などにもかかったりと耳鼻科にお世話になることが多いものです。鼻と耳は繋がっていますから、普段聴いて覚えていた音とは違って聞こえてしまいます。大人のわたしでも体調によって、音の感じ方は違いますから、まだ未発達な子どもたちは相当なものだと思います。

皆さんが体験されたことでいえば、プールで泳いだあとに、耳に水が入ってしまうと、「ぼわ〜ん」として聞こえづらい状態を経験された方も多いかと思います。あれと同じような状態が起こっていると思っていただくと、共感しやすいのではないかと思います。

レッスンに慣れたおかあさんは、

「音がわからなくなった次の日、やっぱり風邪をひいていたようで熱を出しました」

と、お子さんが風邪をひく前に気づくようになったりしています。

「絶対音感レッスン」で、お子さんの体調に気がつくようになるなんて、面白いですよね。

続けるほどにどんどん早まっていく記憶スピード

「絶対音感」を身につけるレッスンを進めていくうちに、脳が発達していく手応えを感じることがあります。

鬼頭流絶対音感メソッドでは、レッスン開始1か月間は、「ドミソ」の和音「C（コード）」と、単音「ド」と「ミ」の音を記憶します。この間に「音」を聴き取る耳の土台を育てます。

教室では、おかあさんの質問や疑問に答えながら、お子さんを理解していただくために子どもの特性をお伝えしています。この時期は、お子さんが音を聴き取る耳の土台を育てながら、おかあさんのお子さんへの理解を深める時期でもあります。

この1か月で試行錯誤しながら、子どもとコミュニケーションを取っていくうちに、

1か月後にはお子さんの変化に驚くことでしょう。心からお子さんを褒められるようになってますよ。

2か月めには、新たに「ソシレ」の和音「G（コード）」を加え、「C（コード）」と「G（コード）」という2つのコードを聴き分けるレッスンを行います。

最初は1か月くらい時間をかけていますが、少しずつ新しいコードを増やしていくスピードが、早くなっていきます。

2か月めが終わるころには、「音」の理解度を見ながら、3つめの新しいコードである「Am」（エーマイナー）を覚えるレッスンに入ります。

そして、4つめの「E7」（イーセブン）というコードを覚えるレッスンに入るのは、早いお子さんではレッスン開始から3か月半ごろと、「音」を記憶するスピードが、どんどん早くなっていくのです。

もちろん、年齢、性別の違いや毎日のレッスン回数、そして幼稚園などでの音感教育で身についた相対音感などによってもかなり差がありますが、ほとんどのお子さんは早くなっています。

「絶対音感」のレッスンで使用するコードは15個ありますので、単純に計算すると、1年半はかかる計算になりますが、いちばん早いお子さんは、7か月後には10個も記憶していました。このころになると、新しいコードを加えても、翌日には聴き分けられるようになっており、おかあさんはとても驚いていました。

レッスンは絶対音感を身につけ、使って楽しめるようにすることを目的にしていますから、音を定着させるために2週間以上は新しいコードを加えません。しかし、記憶するだけなら、もっと短期間で記憶できる子どもたちばかりです。

絶対音感レッスンは「音」の記憶だけではなく、百人一首や詩の暗誦など、さまざまな記憶スピードが上がることを多くのおかあさんも実感されています。

抜群の記憶力でおかあさんのメモ代わり

絶対音感のレッスンを開始してから、おかあさん方が驚いた、お子さんの抜群の記憶力のエピソードの数々をご紹介しましょう。

Mちゃん（年少）は、幼稚園の教材で俳句、詩、論語、ことわざなどを暗記しているそうですが、年少、年中版と終了し、クラストップで現在は年長版を覚えています。絶対音感のレッスンを始めてから、抜群に早く記憶できるようになったそうです。

Iちゃん（年少）は、絵本の文字を見て覚え、本を読み出したそうです。また、幼稚園の先生の話を聞いて理解し、行動するという力が高くなったそうです。言語理解力が高まる絶対音感の効果が表れていますね。

Cちゃん（年少）は、以前コンサートに行ったときに聴いた曲が、テレビのBGMで流れると、「あのコンサートで聴いた曲だね」とコンサートの出演者や状況までも、話し始めたそうです。絶対音感は、曲を記憶できる力が高まりますから、このようにたくさんの音楽をストックできるようになります。

Uくん（年少）は、レッスンを始める前、ひらがなかなか覚えられずに、おかあさんは教えるためにとても時間を費やしたそうです。ところが、絶対音感レッスンを始めて3か月経ったころ、カタカナを教えてみると、なんとその日のうちに読み書きができるようになってしまったそうです。絶対音感のレッスンを行っただけで、こんなに記憶力が良くなったことに、とても驚いていらっしゃいました。

Tちゃん（年少）は、楽譜を3回くらい弾くうちに覚えて、指を動かせるようになるそうです。自分で楽譜を見て、ピアノのレッスンができるようになったそうで、おかあさんは、できないところを自分で何度もレッスンする姿に、自立の早さを感じていらっしゃるようです。

Jちゃん（小学1年生）は、頭の中にいろんな音が浮かぶようで、作曲やアレンジを楽しんでいます。また、記憶力が良く、漢字も1回見るだけで覚えられるため、勉強も楽しいと感じているようです。

Hちゃん（年少）は、難しいリズムも両手でテーブルを叩いて奏でてしまうほど、リズム感が抜群です。最近、ひらがなを教えてみたら、あっという間に覚えてしまったそうで、あまりの早さに周りの方から驚かれたそうです。

Sちゃん（年少）は、おかあさんが買い物メモを忘れてきてしまい思い出せずに困っていると、「レモンとバターと……」とメモに書いてあったものをすべて教えてくれて、驚いたそうです。

このようにほとんどのおかあさんが、レッスンを開始して半年くらいの間に、お子さんの成長スピードの違いを感じたり、記憶力が良くなったことに驚いています。絶対音感のレッスンで、絶対音感を身につけるだけでなく、多くの子どもたちが抜群の記憶力も手に入れているようです。

楽譜もたちまち読めるようになる

同じ3歳でも、持って生まれた素質や、ご家庭で教えていること、1日のレッスン回数によっても、「音」を覚えるスピードは違ってきます。また一概に早く覚えれば良いというものでもありません。

幼少期はお子さんにとってその後の成長で見えない基礎力となる大切な時期です。ぜひ、おかあさんも「絶対音感」のレッスンを通して、お子さんとの信頼関係を築き、親子のコミュニケーション力を身につけてほしいと願っています。

さて、「絶対音感」を身につけることで、ＩＱが上がるお話をしましたが、もうひとつ、「初見で楽譜を読む訓練」でも同じような効果があります。これも、「絶対音感」のレッスンと同じく、ピアノを習う前にできます。

鬼頭流絶対音感メソッドでは、楽譜を見て、自分で弾けるようになるために、幼児にも早く譜読み（楽譜を読むこと）を覚えられるように、カードにしてレッスンしています。

最初は、ピアノの鍵盤で真ん中にある「ド」から右側の1オクターブ（ト音記号音階のドレミファソラシド）の譜読みがパッとできるようになる訓練をします。音符というのは、五線の中で、音符のたまがどの位置にあるかで、「ド」とか「ソ」などの音名がわかるようになっています。幼少期のお子さんは、物を見比べる力が未熟なので、線上に音符のたまが書いてあるものと、線と線の間に書いてあるものの区別ができません。そのため、譜読みはとても難しいのです。

鬼頭流絶対音感メソッドで使うカードでレッスンは、幼少期の子どもでもわかりやすい内容になっているので、幼少期でもあっという間に覚えられるようになります。この方法で3歳のお子さんでも、2週間でパッと読めるようになりました。また、2か月で3オクターブの譜読みをパッと瞬時に答え、3か月でその音を聴き分けられるようになったお子さんもいます。

ただ、ここで気をつけなければいけないのは、幼少期は記憶が長続きしないということ。ですから、1日1回30分のレッスンより、1回1分を1日4回する方が早く覚えられるのです。とはいえ、おかあさんも家事に仕事にとても忙しいものです。譜読みはレッスンとして考えず、遊びの中で取り入れた方が、子どもたちも楽しく、集中して短時間で覚えてくれます。

音を聴いてカードを「かるた取り」の要領で取る方法は、子どもたちも楽しいようで何度でもやりたがります。カードを取るスピードがだんだん早くなり、まるで、百人一首選手権のようなスピード感です。遊びながらでも、1か月もあれば音符を見分ける力が養われ、1オクターブ程度の譜読みはできるようになります。親子で楽しく遊ぶ時間で、譜読みまでできるようになるなんて、一石二鳥ですね。

子どもの才能を伸ばすのは「ドレミ」ではなく、「ドミソ」

鬼頭流絶対音感メソッドでは、最初に「ドミソ」という和音と「ド」「ミ」という単音を覚えることから始めます。どうして単音を覚える順序が、「ドレミ」という順序ではないと思いますか？

普通に考えると、「ド」を覚えた後は、次の「レ」に進んだ方が覚えやすいように感じるかもしれませんが、実はこの順序では、絶対音感が身につきにくいのです。

例えば、白色と黒色を見て、どちらが白色なのかすぐ判断ができますが、黄色とレモン色だと、似ているため見比べて判断してしまいます。それと同じように、「ド」と「レ」の音を、音の高さの違いで判断しようとしてしまうのです。

わたしたちは成長と共に、物の大小を比べたり、重さを比べたりというように、物事を対比して考えるようになります。

この考え方が、相対音感と同じ考え方なのです。相対音感は、基準の音を教えてもらい、その音と比べて音を判断します。大人の知識で身につけた考え方でレッスンをしてしまうと、相対音感が先に身についてしまい、絶対音感が身につきにくくなってしまうことがあります。絶対音感は、その音を単独で聴いて「ドレミ」でわかる能力ですので、おかあさんがレッスンを行うときには、音の聴き比べをしないように意識してください。

大人は、何かと対比させて判断する思考癖が身についているため、お子さんが音を間違えてしまったとき、「よく聴いて! こっちの方が、音が高いでしょ」などと無意識で言ってしまうことがありますので注意してください。

絶対音感は幼少期の他者と比べない思考時期だからこそ、身につけられるのかもしれません。

また、Cコード「ドミソ」のような和音をたくさん覚えながら、単音も一緒に覚えていくことで絶対音感のレベルは高くなります。

和音というのは、単音が複数集まってハーモニーを奏《かな》でています。音の幅が広がることで、音を全体で捉《とら》えます。絶対音感を持つ上で、コード（和音）がわかることは、音の認識がラクになるだけでなく、重要でもあるのです。

絶対音感を持つ人のなかには、音が一体にならず、バラバラに聴こえてしまい、音楽が楽しめないという方もいらっしゃいます。確かに、バラバラに聴こえるからこそ、耳コピ（＝聴いた音を正しく再現すること）ができたりするのですが、普段からそのままの状態で音を聴くのではなく、音楽を聴くための聴き方、生活音の聴き方、耳コピのための聴き方など自然に変えられるようにしてほしいと思ってレッスンしていきます。

教室の生徒たちは、Ｃコードは、ハーモニーとして捉えているせいか、日常の音を嫌がったりすることもなく、ピアノも音楽も楽しくて仕方がないようです。

1回たった1分！今日からできる音感レッスン

絶対音感は、遺伝でも特別な才能でもありません。幼少期に正しいレッスンをすることで、身につけられる能力です。わたしの両親も楽器は全く弾けませんし、絶対音感も相対音感も持っていません。そのため、わたしは常に音楽が聴こえる環境で育ったわけでもありません。

教室のおかあさんたちも子どものころにピアノを習っていた方もいれば、全く習ったことがない方もいます。ですが子どもたちは絶対音感を身につけられています。遺伝には関係なくほとんどのお子さんが身につけられる能力なのです。

おかあさんには「1回1分のレッスンを1日4回を行ってください」とお願いしていますが、保育園やお仕事の都合で難しい場合があります。そんなときは回数など気にせず、少しでもいいので親子で楽しく続けることが大切です。

絶対音感のレッスンを途中で断念された方のなかには、「子どもが遊びたがってしまい、レッスンができなかった」「1日4回も時間をとれない」という方もいらっしゃいましたが、大丈夫。日中が難しいなら、1回1分ほど朝ごはんを食べたあとと、夜寝る前だけでもいいのです。とにかく、少しの時間でも続けることが大事なのです。

レッスンを始めて約1か月になるあるおかあさんは、「最初のうちは、ピアノの音を鳴らしても子どもがのってくれなくて心がくじけそうになる日もありましたが、そんなときは『やって！』と言いたくなるのをぐっとこらえ、『じゃあ、聞いているだけね』と言って聞かせるだけにとどめました。そのうち、朝晩1分の習慣になって、苦にならなくなりました」と嬉しそうに話してくれました。


レッスン開始1か月は、お子さんが集中できないことや、ぐずったりして1分のレッスンを始める前の段階に悩むおかあさんが多いかもしれません。この1か月間は、お子さんの様子をよく見ながら、やる気になる言葉のかけ方や距離感を探ってほしいですね。レッスンが進むうちに、凛とした態度でお子さんと接することができるようになっていきます。すると、お子さんの態度もガラリと変わり、ご家庭でのレッスンもうまくいき、音を覚えていくスピードが速くなっていきます。

あるおかあさんは「絶対音感のレッスンをしていくうちに、子どもに対して甘いだけでは、ダメなのだなと思いました」とおっしゃっていました。

それを聞いて大変嬉しく思いました。

おかあさんのお子さんに対する姿勢が強くたくましくなり、才能をうまく引き出す力を身につけ、子どもは親の話に耳を傾ける体勢が整った証です。こうして、親子で向き合うことで、コミュニケーションが取れるようになっていくのです。

子どもたちも、おかあさんに認めてもらえたことは、自信となり、いろんなことにチャレンジをしたいと思えるようになります。それは、絶対音感のレッスンでうまくいかなかったときも、おかあさんが一緒にいてくれたという記憶が心にあるからです。

子どもたちはどんなときも見守って応援してくれるおかあさんがいるという安心感があれば、失敗を恐れず、好きなことに挑戦し、様々な才能を開いていけるのです。

Q レッスンを始めるのにベストタイミングはある？

絶対音感のレッスンでは、音がわかっているかどうかを確認する必要があります。1歳ごろからレッスンを始めるといいでしょう。ただ聴かせるだけなら、0歳から始めても大丈夫です。その場合は、音がわかっているかどうかおかあさんに伝えるまでに時間がかかるので、言葉を教えるような気持ちで、答えを期待せず音を聴かせてあげてください。

Q レッスンの時間がどうしても取れないときは？

お仕事をされているおかあさんも多いですから、1日4回のレッスンが難しい場合は、1日3回でも大丈夫です。その場合は、朝、帰宅後、寝る前の3回のレッスンをしましょう。時間がないときは、朝食、夕食中にカードを見せて音を聴かせるのもOKです。こうしなければではなく、「この時間を使ってみよう」と探っていくのも長続きする秘訣です。

Q レッスンをするときに、男女の違いで注意することはある？

男の子と女の子では、聴き取れる音域が少し違います。男の子は、将来声変わりもありますから、低音を聴き取るのは得意ですが、高音を聴き取るのは苦手です。反対に女の子は、高音を聴き取るのは得意ですが、低音を怖がり苦手です。そのため、男の子は単音の高音を聴き取るために時間がかかりますし、女の子は低音に時間がかかります。理解しておきましょう。

Q 発音がうまくできない子どもの場合は？

幼少期のお子さんは、まだはっきり発音できないことも多く、「D7」「E7」「G7」などおかあさんが聞き取れず、何度も聞き返すことがあります。

そんな場合は、カード裏のキャラクターで聞いてみましょう。

子どもたちは、音、コード名、キャラクターを一緒に覚えているので、正しい答えがすぐわかります。

Q 子どもが音を迷うようになったら？

コードが増えていくと、カードを選ぶときに迷うこともあります。そんなときは間違えることが多いコードを見つけて、そのコードだけ、カードを見せて音を聴かせるレッスンを2週間ほど続けてから再度聞いてみましょう。迷うのは、音の記憶があやふやな状態だからです。正しい音を記憶し直すことで、間違えなくなります。

Q 病気になったときは音を聴かせるだけでもした方がいいの？

風邪をひいて体調が優れないときは、音が違って聴こえますから、レッスンはお休みしましょう。絶対音感は繊細なものですから、風邪をひくと音が全くわからなくなるお子さんも多いものです。今までの努力が無駄になってしまったの？　と心配になるかもしれませんが、大丈夫です！　風邪が治れば、以前のように音がわかるようになります。安心してゆっくり休ませてあげましょう。

Q カードを取ってくれない子はどうすればいい？

男の子に多いのですが、カードを取ることが面倒なようです。そんな場合は、コード名を口頭で答えるだけでもＯＫ！　聞き取りにくい場合は、カードの裏に描いたキャラクター名を教えてもらいましょう。

Q レッスンで集中して聴いてくれない場合は？

幼少期のお子さんは、まだ集中することが難しいものです。でも、目新しいものには目を輝かせます。カードを動かしたり、ぬいぐるみを使ったりしながら、気を引いてみましょう。後ろを向いていても、音は聴こえています。カードを見ていなくても、音を聞かせ、楽しそうに音の名前を教えてあげましょう。ある日突然、音の名前を教えてくれ、「ちゃんと聴いていたんだ！」って驚きますよ。

Q 和音はＯＫでも単音でつまずいてしまうときの対処法は？

子どもたちにとって、単音の方が難しいようです。いつも間違えてしまう場合は、わからない単音をピックアップしてカードを見せながら、再度聴かせるインプットレッスンをしましょう。ですが、単音はそれほど気にしなくても大丈夫です。コードが全部わかるころには単音も自然にわかるようになっているお子さんも多いものです。

Q レッスンでふざける子は叱る？　一緒に遊ぶ？

ふざけてレッスンにならないときは、「レッスンにならないから中止します」と伝えて終了して、さっと離れましょう。お子さんが落ち着いたら、レッスンではふざけないことを真剣な表情で伝えます。おかあさんは先生として、淡々とレッスンを進めましょう。

Q 次に進むタイミングはどうやって見極めるといい？

コードが増えてくると、迷って間違うこともよくあります。基本的に、それまでのコードを間違えないことが進める条件となります。いつもパーフェクトなら、2週間以上経てば、新しいコードを増やしましょう。いつもパーフェクトが難しくても、コードを加えてから1か月くらいで9割近くできれば、次のコードへ進んでも大丈夫です。

迷ったり、わからなくなったコードは、聴かせるだけのレッスンに戻しましょう。

Q 子どもの成長が途中でピタッと止まってしまったら?

成長が止まってしまった場合は、レッスン方法に問題があります。

子どもは少しでも難しいことはやりたがりません。音を間違えると怒ったり「よく聞いてっ!」と言っていませんか? 怒っていないつもりでも、おかあさんの顔が怖いということはよくあります。答えるたびに、おかあさんの顔を窺《うかが》うようになったら、ちょっと反省して笑顔でわからないコードを見つけてあげましょう。絶対音感が身についてくると音を聴いて、パッと答えるはずです。

もし、少し考えてしまう場合は、迷っていますのでインプットレッスンで、音を定着させてあげましょう。無理なくわかるようになりますよ。

Q 何歳までなら身につけられますか？

レッスンに時間を要しますので、遅くても6歳までに始めましょう。ピアノなどを習っているお子さんなら6歳でも身につけられますが、習っていない場合は、少し時間を要するかもしれません。それでも、レッスンの価値はあると思います。

第3章

1回1分！
鬼頭流絶対音感メソッドの進め方
――親子で楽しく続けるコツ

メソッドを始める前に

「絶対音感メソッド」をさっそく始めてみたい！　と思われた方のために、本章では、具体的な方法を説明していきます。絶対音感レッスンというと、絶対音感がない人では教えられない、プロだけが教えられるもの、と思ってしまうかもしれませんが、そんなことはありません。

鬼頭流絶対音感メソッドのレッスンは、ご家庭でおかあさんが指導者となり、1回1分、1日に4回のレッスンを行うものです。もちろん、おかあさんに絶対音感がなくても大丈夫。ピアノや電子ピアノ、キーボードさえあれば、どなたでもできるノウハウです。

レッスンをしながら、お子さんには絶対音感を、おかあさんにはお子さんとのコミュニケーション力を高める手助けになることと思います。

レッスンの準備

メソッドレッスンを始める前に、いくつかの準備をしましょう。

ピアノやコードカードといったレッスンの道具は必要ですが、まずはじめにご準備いただきたいのは、お子さんに『絶対音感を身につけて才能を伸ばしてあげたい！』という親御さんの気持ちです。毎日続けていくためにも、まずはこの気持ちを準備してください。

また、おかあさんがレッスンを進めていくなかで、「本当にこれで身につくのだろうか？」と不安を抱くと、お子さんの音の記憶スピードが格段に下がってしまいます。おかあさんが楽しい表情でコードを弾いているだけで、お子さんは楽しくなり、音の記憶も良くなります。おかあさん自身の表情筋を鍛えるレッスンも兼ねていると思って、笑顔でレッスンしてみましょう。おかあさんの笑顔効果は絶大です。

レッスンでお子さんが初めてコードを答えたときの驚きと感動は、一生忘れられないものになるでしょう。おかあさんが「とりあえずやってみようか！」という気持ちと笑顔の準備ができたら、準備完了です。さぁ、始めてみましょう。

これだけは守って！

メソッドを進める3つのルール

ルール1 ピアノとカードを用意する

- コードを弾くための電子ピアノまたは調律されたピアノ
- 電子ピアノの音源はピアノの音で行う
- カードはA5サイズ（148mm×210mm）

ルール2 レッスンは1回1分を1日4回

- 基本は朝、昼、夕方（夜）、寝る前の4回
- コードを押さえる長さは、1秒間
- 1分間、コードと単音をランダムに繰り返し弾く

ルール3 “おかあさん先生”としての心構え

- おもちゃ、絵本など気が散るものは片付ける
- 先生と生徒という意識でレッスンする
- 笑顔で淡々と弾けばOK

メソッドの基本的な進め方

メソッドスタート

Cコード（ドミソ）と
ド と ミ を1回1分
聴かせる

3週間後

Cコード、
ド、ミ のどれを弾いたか
子どもに当てさせる

1週間後

続いて
Gコード（ソシレ）、
ソ、シ を弾いてカードを
見せる。Cコード、ド、ミ
はカードを当てさせる

1週間後

Cコード（ドミソ）と ド、ミ、
Gコード（ソシレ）と ソ、シ
のどれを弾いたか
子どもに当てさせる

子どもが
熱を出した!!

元気になるまで
レッスンは
おやすみ

元気になったら

再び
弾いてカードをとる
レッスンを！

間違いなく
とれるように
なったら

Amコード（ラドミ） と
レ と **ファ** を加えよう

1週間たったら

Cコード（ドミソ）、
Gコード（ソシレ）、
Amコード（ラドミ） と
ド、**レ**、**ミ**、**ファ**、
ソ、**シ** のどれを弾いたか
カードをとらせよう！

間違いなく
とれるように
なったら

残りの12コードも
順に同じ手順で
ふやしていこう

**音の聴き分けが
できるように！**

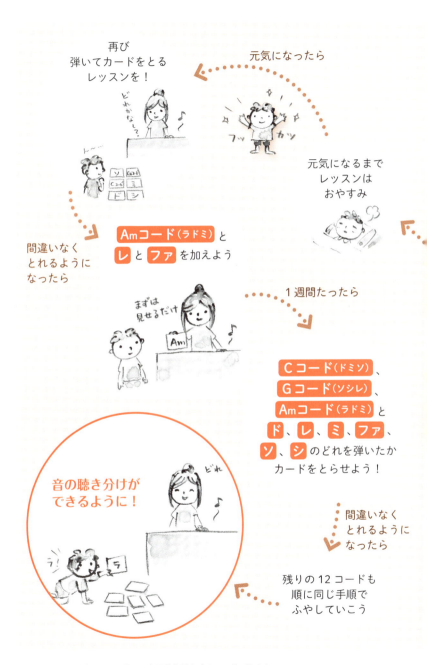

1回のレッスンの進め方

レッスンは「よろしくお願いします」と、ごあいさつから始めて、おかあさんから「先生」になるようにしましょう。この習慣がスムーズにレッスンへ向かうルーティン作りになります。

このとき、お子さんはピアノから少し離れた位置に座っているようにしましょう。ピアノの前に一緒に座ってしまうと、お子さんが鍵盤を弾きたがり、レッスンになりません。

ごあいさつが終わったら、おかあさんは、お子さんにカードを見せながら、ピアノを弾きます。

レッスンの流れ

1

始まりのごあいさつ

日常とレッスンを線引きするためにも「よろしくおねがいします」のあいさつからレッスンスタート！

具体的な流れはこんな感じです。

おかあさんは、Ｃコードのカードを手に持ち、カード表面のコードと、裏面の絵を見せながら「ドミソ」の和音を弾きます。そして「シィー」と、そのコード名を一緒に言います。

最初はインプット期なので、聞かせるだけでＯＫです。

約３週間ほどのインプット期が終わったら、カードを並べて、おかあさんが弾いた音を、子どもにかるた取りのように取ってもらいましょう。

１分間繰り返して、レッスンは終了です。

2

おかあさんが弾きながらカードを見せる

カードを子どもに見せながら、ジャーンと和音を弾き、一緒にコード名を言いましょう

最後に「ありがとうございました」と終わりのあいさつをして、先生からおかあさんへ戻ります。

幼少期のお子さんは、「レッスン」というもの自体がわかりませんが、毎日続けるうちに自然にわかるようになります。あまり気にしなくても大丈夫です。1日4回のレッスン後は、今日のレッスンの様子をまとめて、1行ほどで記録をしておきましょう。

3 おかあさんが弾き、子どもにカードを取ってもらう

レッスンが進んだら、おかあさんが弾いたコードのカードをかるた取りのように子どもに取ってもらいましょう

4

終わりのごあいさつ

１分なので７～８回コードを弾いたらＯＫ。「ありがとうございました」とお互い言ってレッスンを終えましょう

5

レッスン記録をつける

「Ｃコードをやった」「ド・ミが答えられた！」などレッスンの様子を書きましょう

カードのつくり方

レッスンで使うカードをつくりましょう。

まずは白い厚紙と黒いマジックペンをご用意していただき、厚紙をA5（148×210ミリ）にカットします。

このサイズは幼少期のお子さんにとって、手に取りやすく、文字もわかりやすいです。

また、色のついた紙は使わないでください。幼少期のお子さんは全体で見て覚えますから、色のついたカードで読めた音譜も、ピアノの楽譜では全く読めないということが起

表

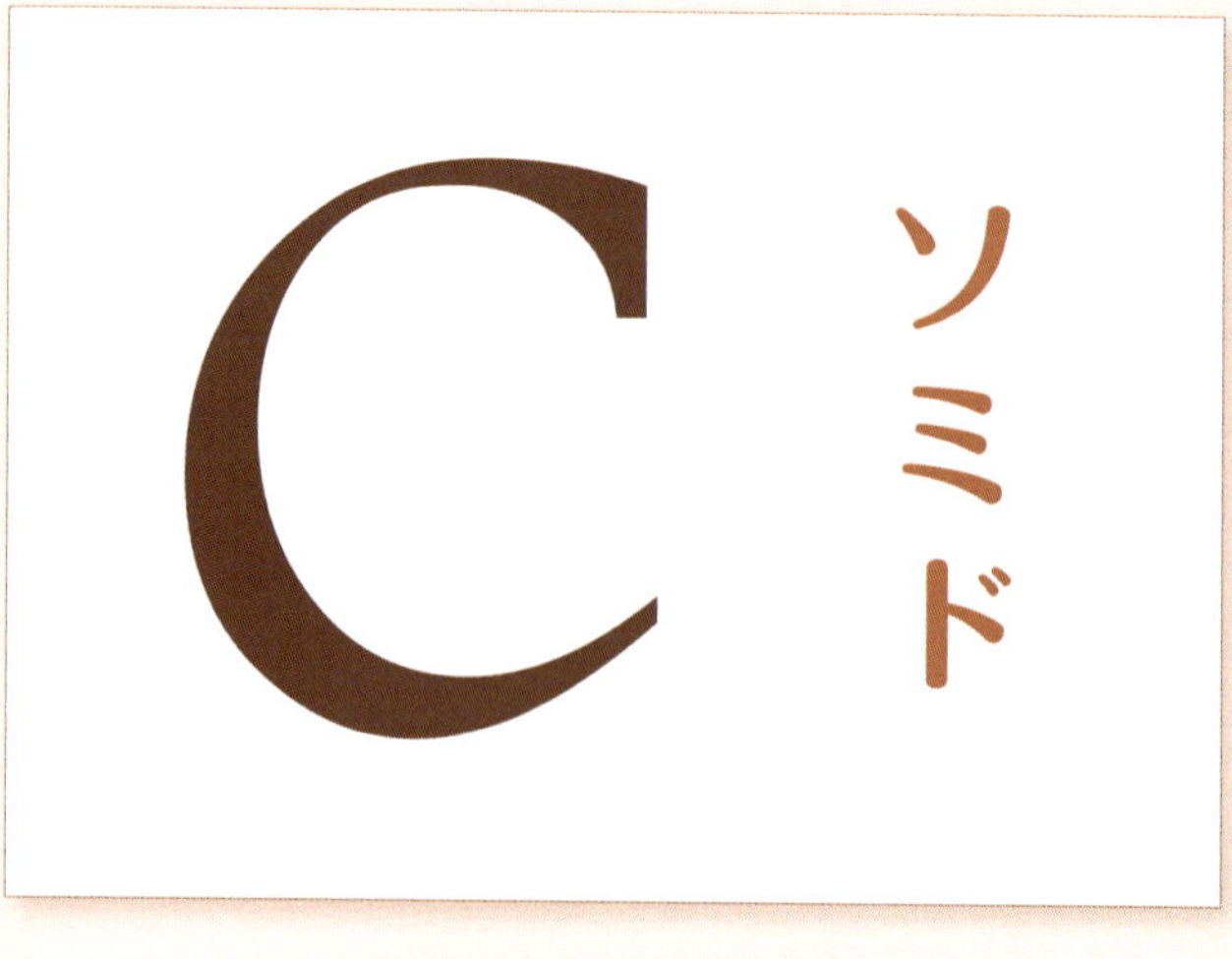

こります。理由は簡単、楽譜が白いからです。

カードの表面には、横長にして使えるように、コード名・音名を書きます。

裏面にはお子さんが興味を持つように、好きなキャラクターやイラストを描いたり貼ったりしてください。

裏

うちのカードはコレ！

おかあさん手書きのアンパンマン♪

子どもが大好きなアンパンマンのキャラクターたちを裏面に描きました。いまでは「アンパンマンやろうよ～」と子どもからせがまれるように。好きなキャラクターにしたのがレッスンが長続きしている秘訣かもしれません。　（３歳・男児のママ）

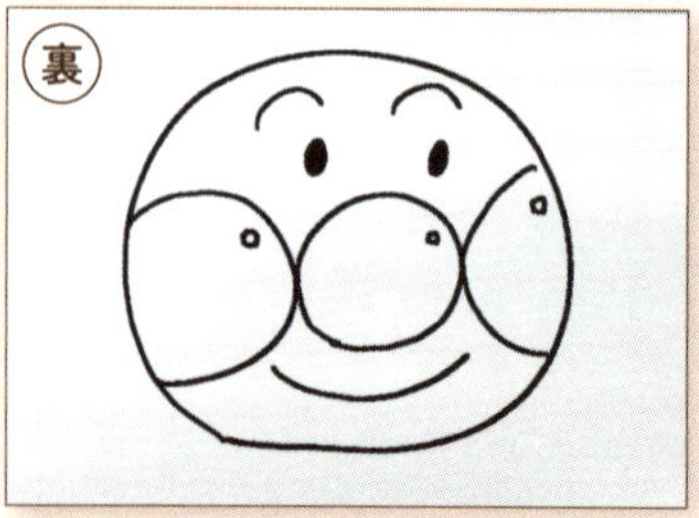

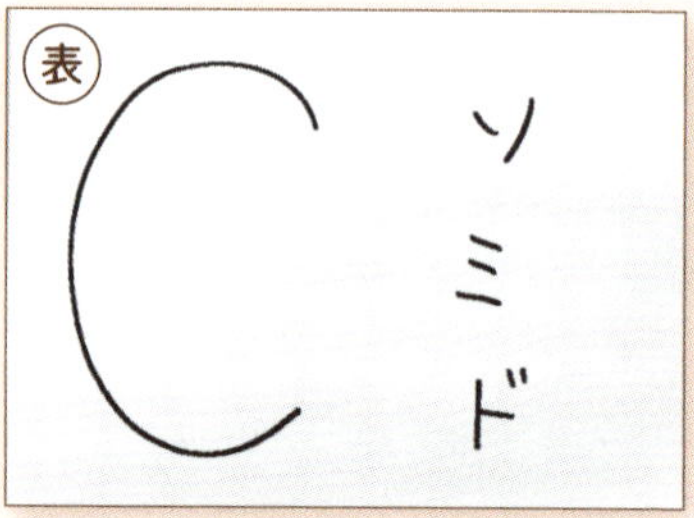

シールを貼ったけどはがされた！

臨界期目前の６歳ということで、子どもの興味を引くためにも好きなキャラクターのシールを貼ることに。しかし、子どもに「勝手に貼っちゃダメ」とはがされてしまい…。ただ、レッスンは楽しいようで、裏はまっ白でも毎日続いています。　（6歳・男児のママ）

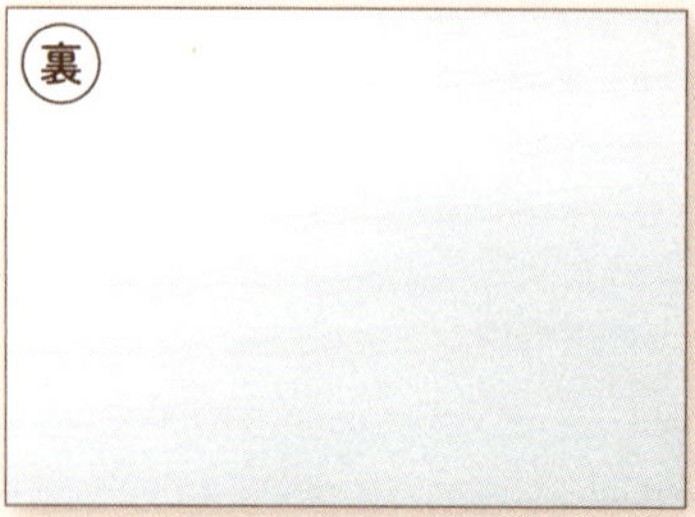

使ってないポストカードを活用

かわいいものを見つけてはちょこちょこ買っていたポストカード。使う当てもなかったのでレッスンカードに！　大きさもちょうどよくしっかりしているので使い勝手もいい。お気に入りのカードで自分のモチベーションにもなっています。　　　　　（4歳・女児のママ）

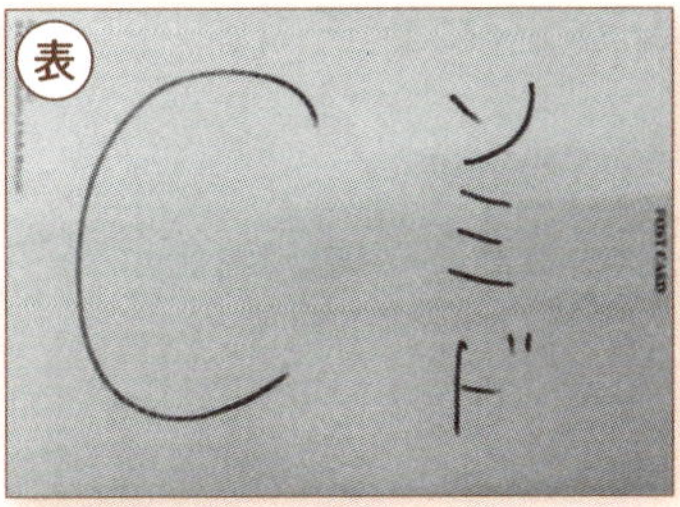

じいちゃんの愛情たっぷりカード

働いているわたしの代わりに子どもの面倒をみているのはもっぱら両親。カード作りを手伝ってもらったら、レッスンにハマったのは両親のほう。孫といっしょにできることが増えてうれしいみたい。

（2歳・男児のママ）

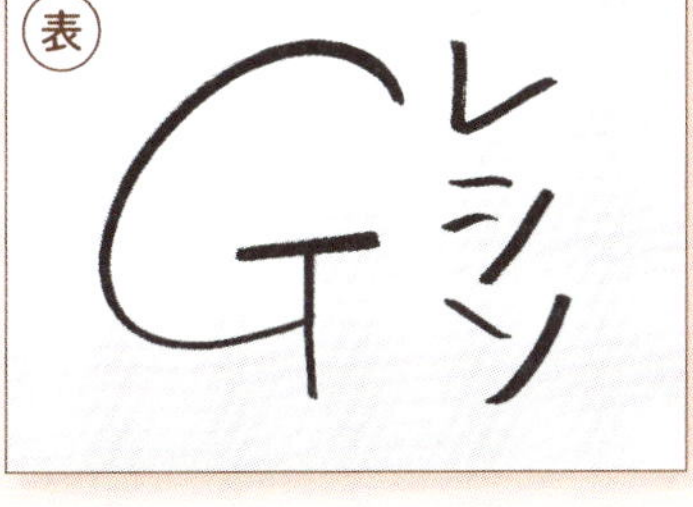

レッスン記録のつけ方

　レッスン記録は、１日の最後のレッスンの終わりに記入しましょう（Ｐ114～115に記録表の見本があります。コピーして使ってください）。といっても堅苦しいものではなく、「今日の音の正解率は８割だった！　１週間この調子なら、次の音へ進もう」とか「今日はよく音を間違えるなと思ったら、夜になって熱が出た。最後のレッスンはお休み」など、１行程度でＯＫです。

　これは、お子さんの成長の証であり、お子さんが大きくなったとき、おかあさんの宝物になるものです。たった1行の記録ですが、続けるのが大変だと思ったときに、その日ふと書いた気持ちが励ましになるようで、教室でもとても好評です。

　お子さんがコードを覚えていく影にあるおかあさんの継続の力。このレッスン記録は、普段は目に見えなくて消えてしまうおかあさんの努力を記録として残すものです。お子さんが絶対音感を身につけられたのは、おかあさんの努力でしかありません。

　とはいえ、ずっと頑張っていては続きません。レッスンはお休みしたって大丈夫です。こうしなければならないなんて自分を追い込まず、続けていきましょう。

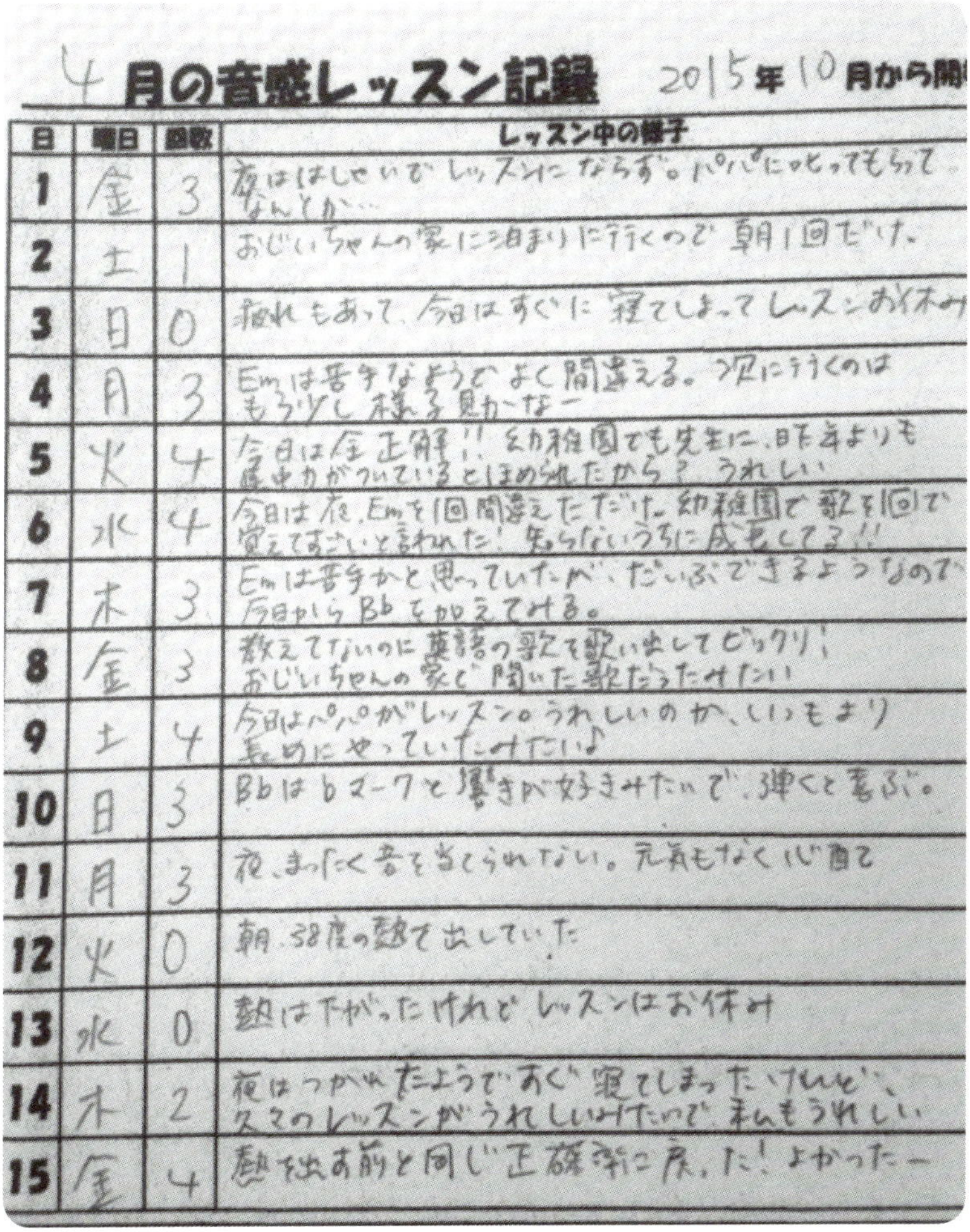

4月の音感レッスン記録　2015年10月から開

日	曜日	回数	レッスン中の様子
1	金	3	夜ははしゃいでレッスンにならず。パパにやってもらって、なんとか…
2	土	1	おじいちゃんの家に泊まりに行くので朝1回だけ。
3	日	0	疲れもあって、今日はすぐに寝てしまってレッスンお休み
4	月	3	Emは苦手なようでよく間違える。次にすすむのはもう少し様子見かなー
5	火	4	今日は全正解!! 幼稚園でも先生に、昨年よりも集中力がついているとほめられたから？うれしい
6	水	4	今日は夜、Emを1回間違えただけ。幼稚園で歌を1回で覚えてすごいと言われた！知らないうちに成長してる!!
7	木	3	Emは苦手かと思っていたが、だいぶできるようなので今日からBbを加えてみる。
8	金	3	教えてないのに英語の歌を歌い出してビックリ！おじいちゃんの家で聞いた歌だったみたい
9	土	4	今日はパパがレッスン。うれしいのか、いつもより長めにやっていたみたい♪
10	日	3	Bbは♭マークと響きが好きみたいで、弾くと喜ぶ。
11	月	3	夜、まったく音を当てられない。元気もなく心配で
12	火	0	朝、38度の熱を出していた
13	水	0	熱は下がったけれどレッスンはお休み
14	木	2	夜はつかれたようですぐ寝てしまったけれど、久々のレッスンがうれしいみたいで私もうれしい
15	金	4	熱を出す前と同じ正確さに戻った！よかったー

レッスンの進み具合だけでなく、子どもの様子や自分の気持ちなどが書かれている。

年　月から開始　か月目

日	曜日	回数	レッスンの様子
16			
17			
18			
19			
20			
21			
22			
23			
24			
25			
26			
27			
28			
29			
30			
31			

月の音感レッスン記録

日	曜日	回数	レッスンの様子
1			
2			
3			
4			
5			
6			
7			
8			
9			
10			
11			
12			
13			
14			
15			

レッスンを進める目安

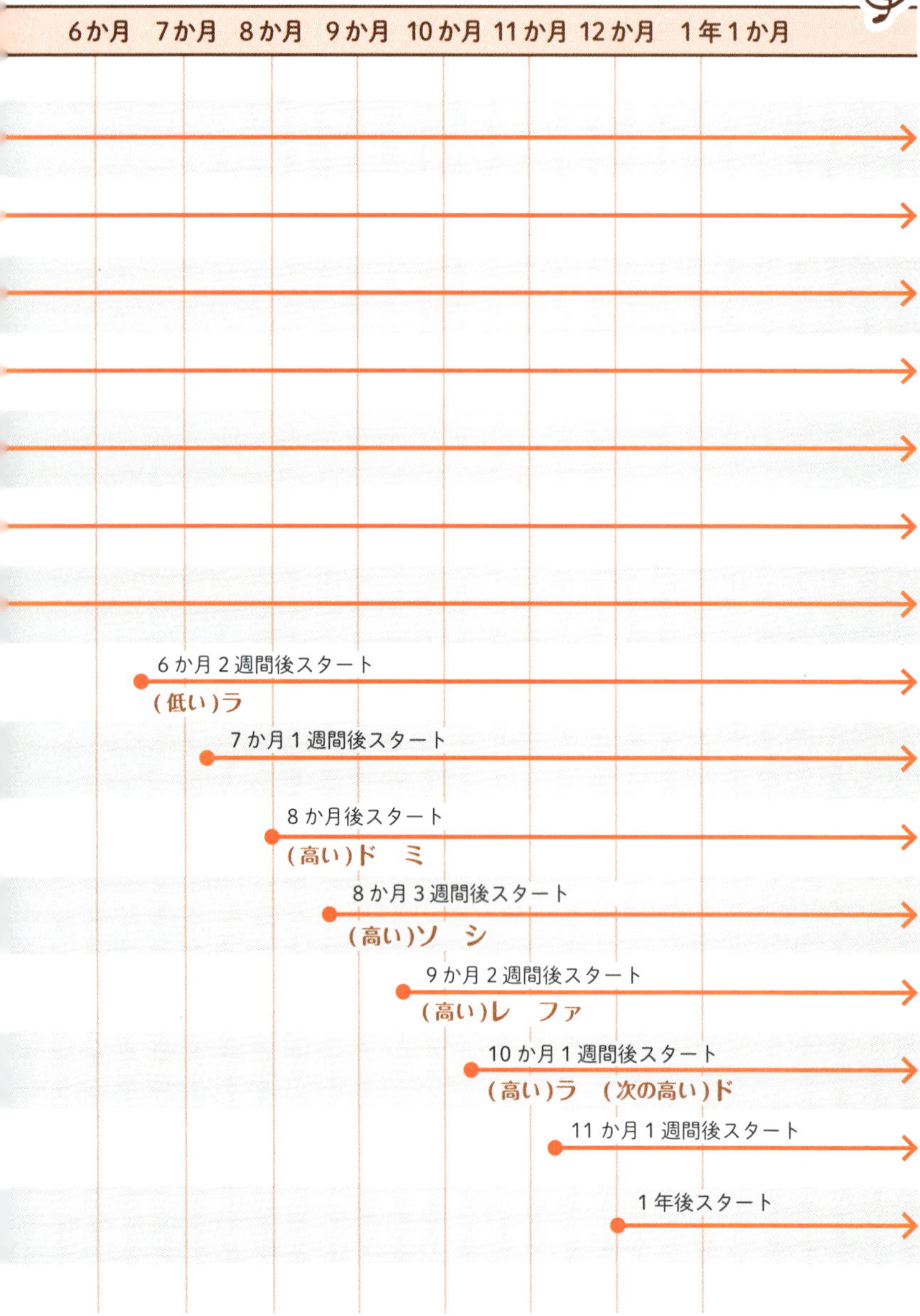
6か月
7か月
8か月
9か月
10か月
11か月
12か月
1年1か月
6か月2週間後スタート
(低い)ラ
7か月1週間後スタート
8か月後スタート
(高い)ド　ミ
8か月3週間後スタート
(高い)ソ　シ
9か月2週間後スタート
(高い)レ　ファ
10か月1週間後スタート
(高い)ラ　(次の高い)ド
11か月1週間後スタート
1年後スタート

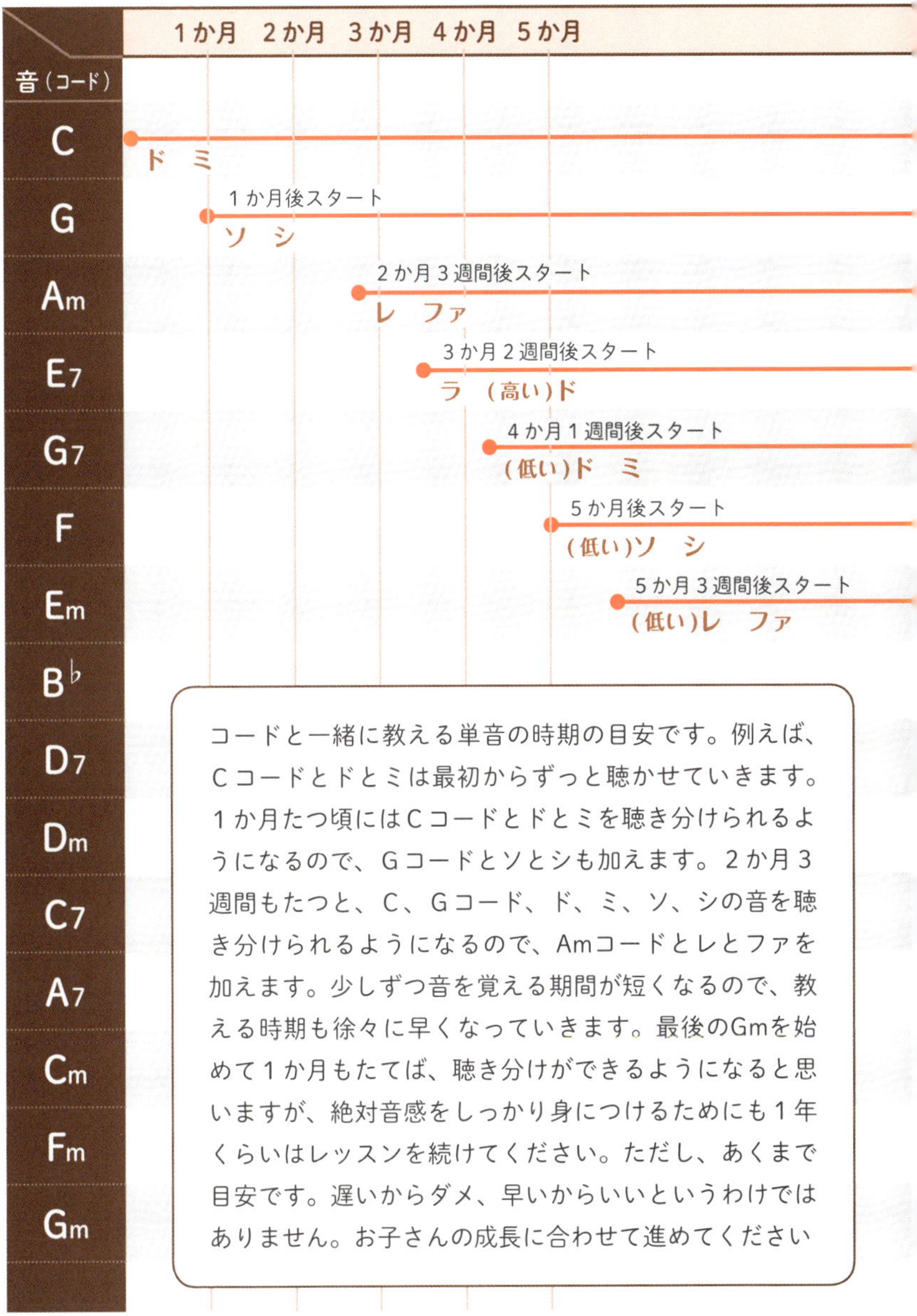

コードと一緒に教える単音の時期の目安です。例えば、Cコードとドとミは最初からずっと聴かせていきます。1か月たつ頃にはCコードとドとミを聴き分けられるようになるので、Gコードとソとシも加えます。2か月3週間もたつと、C、Gコード、ド、ミ、ソ、シの音を聴き分けられるようになるので、Amコードとレとファを加えます。少しずつ音を覚える期間が短くなるので、教える時期も徐々に早くなっていきます。最後のGmを始めて1か月もたてば、聴き分けができるようになると思いますが、絶対音感をしっかり身につけるためにも1年くらいはレッスンを続けてください。ただし、あくまで目安です。遅いからダメ、早いからいいというわけではありません。お子さんの成長に合わせて進めてください

レッスンで教えるコード表の見方

カードの表に書く要素

レッスンで使用するカードには、コード名と、その横に音の名前を下から順番に縦に書きます。この例の場合は、Ａｍと下からラドミとなります

コードを表す★マーク

レッスンでコードを弾くときは、基本の「ド」の位置を基準に、☆マークになっている鍵盤を３つ同時に押します

単音を表す△マーク

単音を教えるときは、音ごとに教えていきます。コードの教え方と同じように、基本の「ド」の位置を基準に△マークの鍵盤をひとつ押します。１分間のレッスンが終わったら、もう一つの△マークの鍵盤でレッスンをします

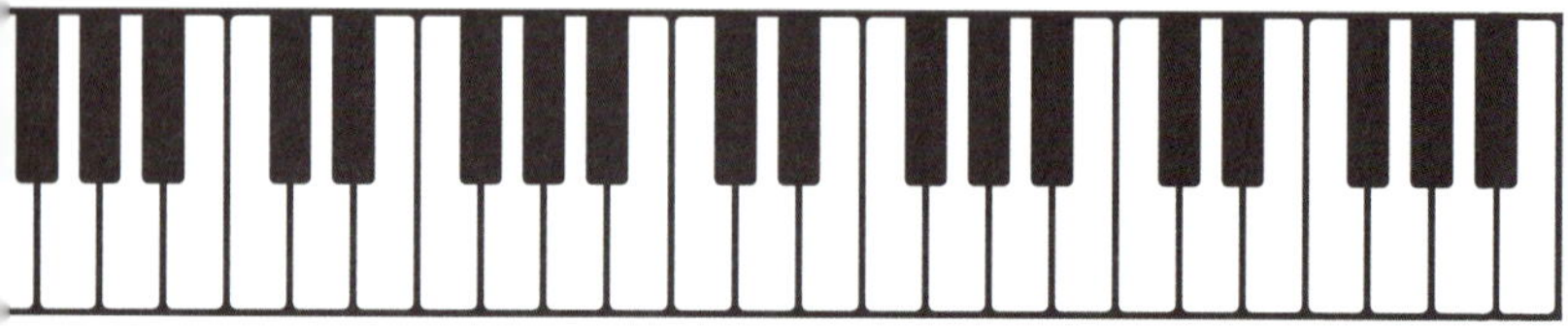

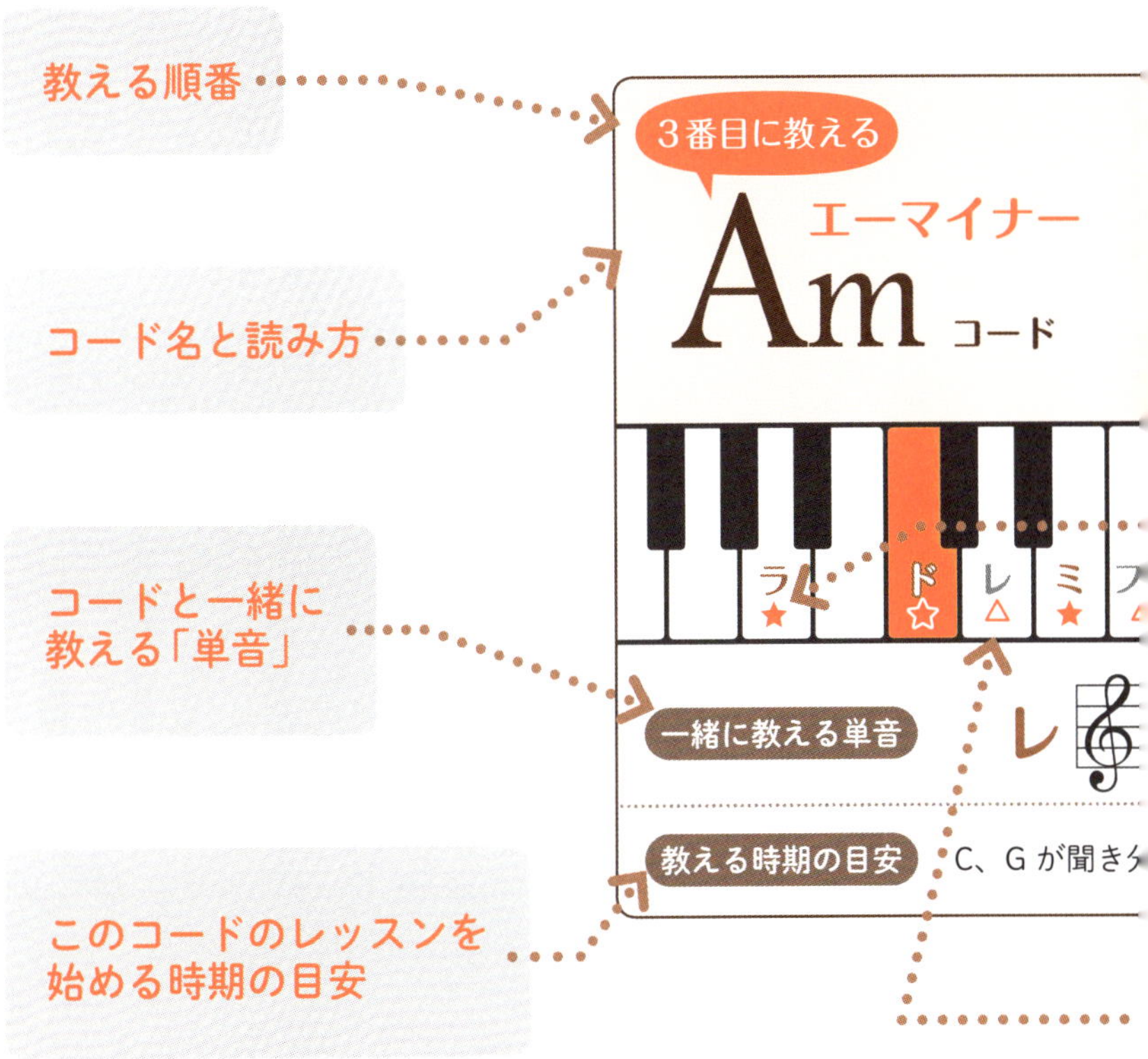

基本となる「ド」の位置（真ん中の「ド」）
は実際の鍵盤ではココ

レッスンで教える15のコード

最初に教える

シィー C コード

鍵盤の位置

一緒に教える単音

ド

ミ

教える時期の目安　（コードも単音も）スタート〜ずっと

2番目に教える

G ジー コード

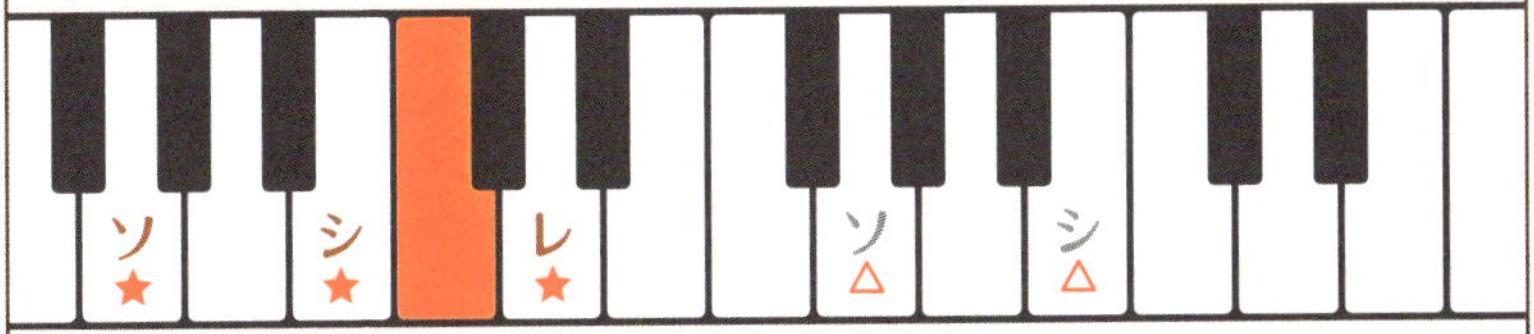

一緒に教える単音　ソ 　シ 

教える時期の目安　1か月後～ずっと

3番目に教える

Am エーマイナー コード

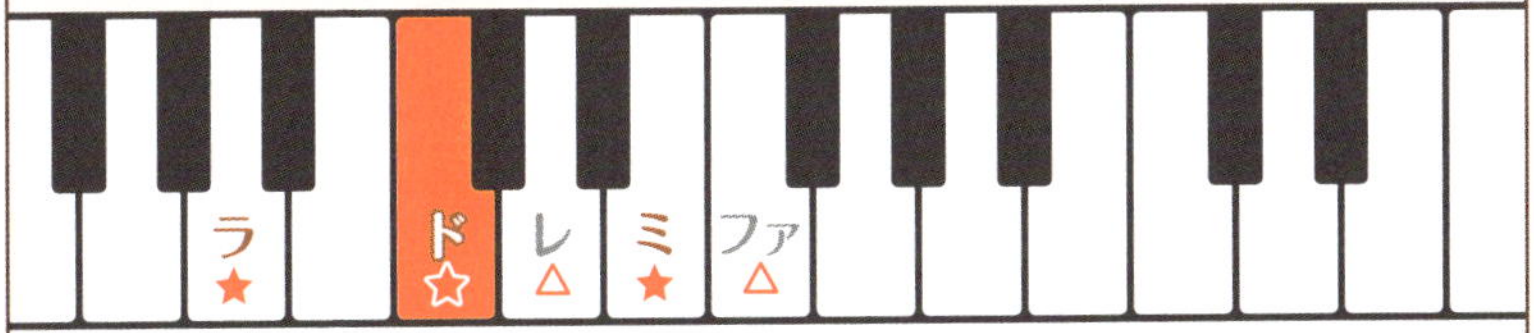

一緒に教える単音　レ 　ファ 

教える時期の目安　C、Gが聴き分けられること

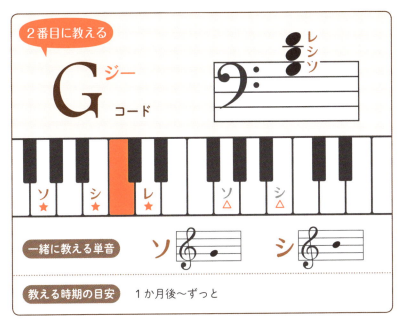

4番目に教える

E7 イーセブン コード

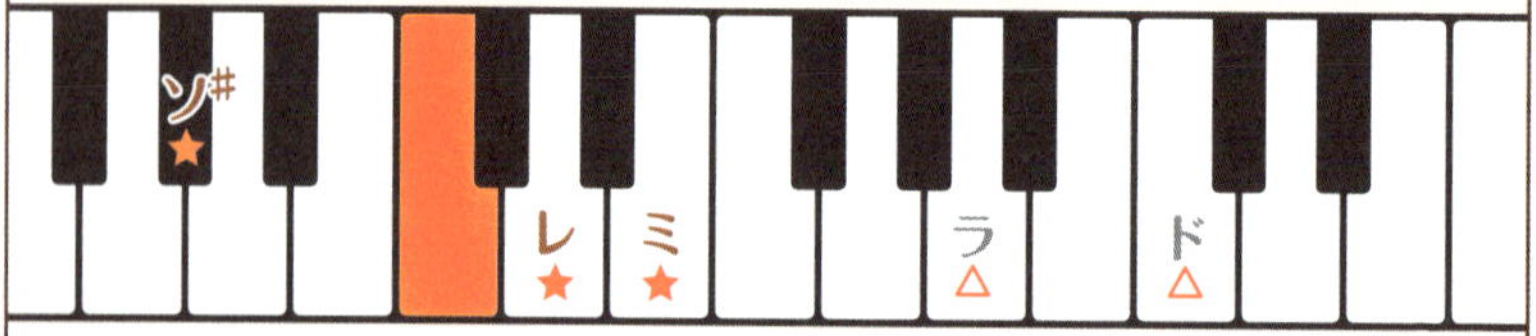

一緒に教える単音

ラ 

ド 

教える時期の目安　C、G、Am が聞き分けられること

5番目に教える

G7 ジーセブン コード

一緒に教える単音

ド 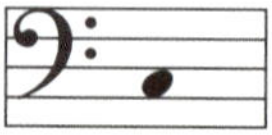

ミ 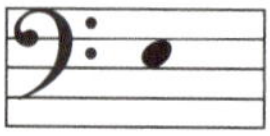

教える時期の目安　ずっと C、G、Am、E7、ト音記号音階ド～ドが聞き分けられること

6番目に教える

F エフ コード

一緒に教える単音

ソ 

シ 

教える時期の目安

C、G、Am、E 7、G 7、今までの単音が聞き分けられること

7番目に教える

Em イーマイナー コード

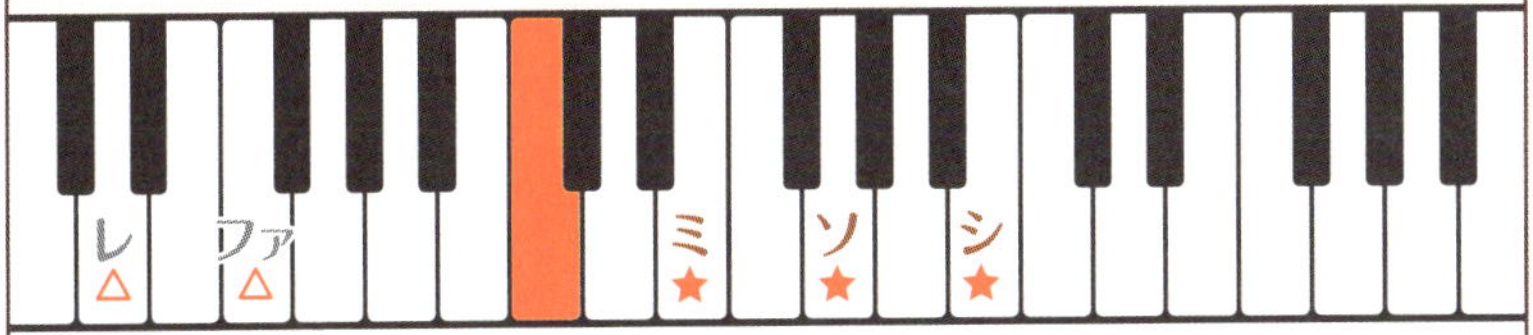

一緒に教える単音

レ 

ファ 

教える時期の目安

C、G、Am、E 7、G 7、F、今までの単音が聞き分けられること

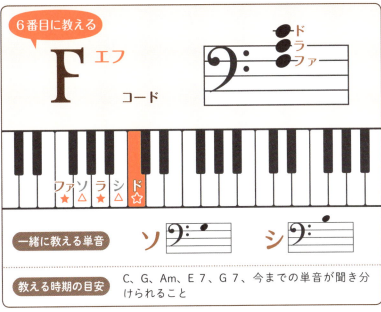

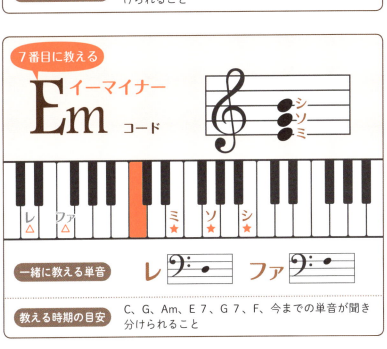

8番目に教える

B♭ ビーフラット コード

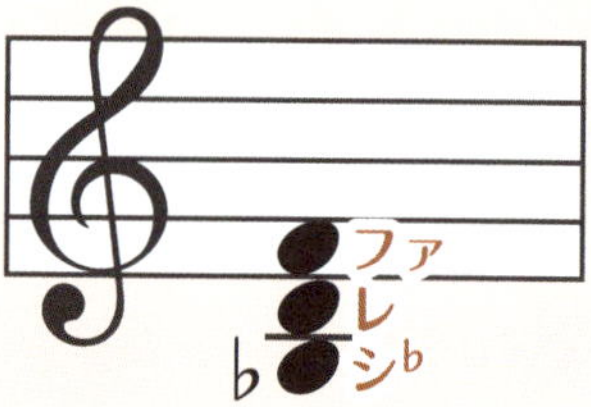

一緒に教える単音　ラ

教える時期の目安　今までのC～Em、今までの単音が聞き分けられること

9番目に教える

D7 ディーセブン コード

一緒に教える単音　今までの単音の確認

教える時期の目安　今までのC～B♭が聞き分けられること

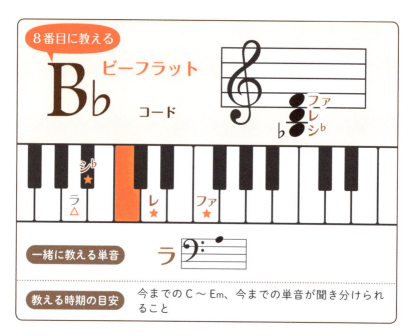

10番目に教える

Dm ディーマイナー コード

一緒に教える単音

ド

ミ

教える時期の目安　今までのＣ～D7が聞き分けられること

11番目に教える

C7 シィーセブン コード

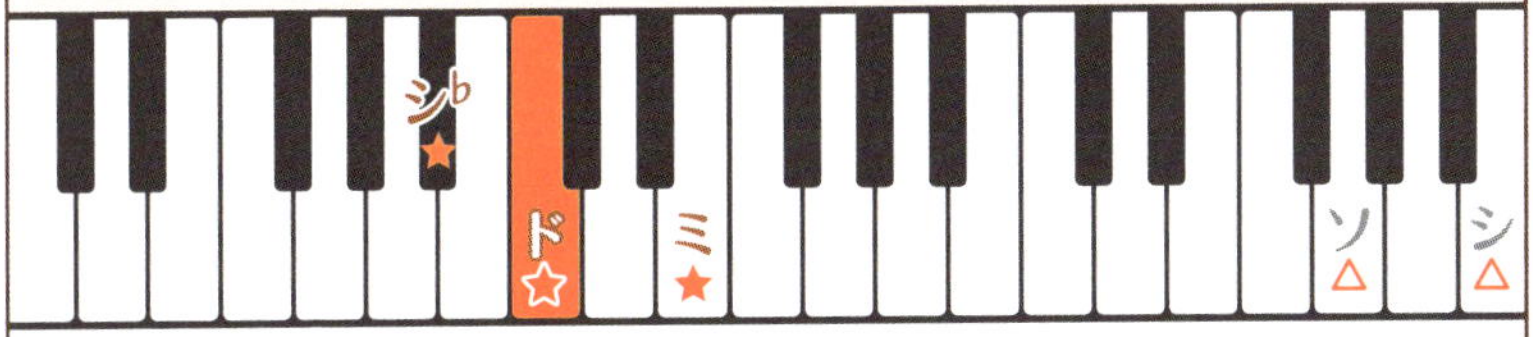

一緒に教える単音

ソ

シ

教える時期の目安　今までのＣ～Dmが聞き分けられ、真ん中のドより１オクターブ高いド・ミがわかること

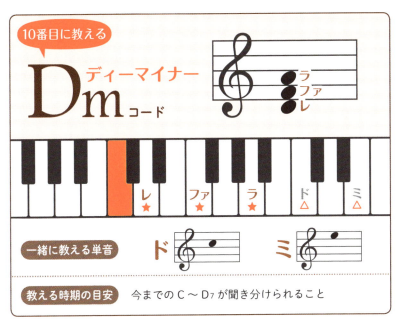

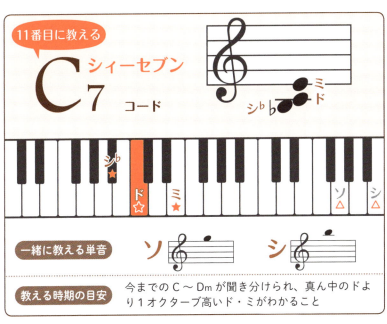

12番目に教える

A7 エーセブン コード

一緒に教える単音　レ 　ファ 

教える時期の目安　今までの C ～ C7 が聞き分けられること

13番目に教える

Cm シィーマイナー コード

一緒に教える単音　ラ 　ド 

教える時期の目安　今までの C ～ A7 が聞き分けられること

14番目に教える

Fm エフマイナー コード

一緒に教える単音　今までの単音の確認・復習

教える時期の目安　今までの C ～ Cm が聞き分けられること

15番目に教える

Gm ジーマイナー コード

一緒に教える単音　今までの単音の確認・復習

教える時期の目安　今までの C ～ Fm が聞き分けられること

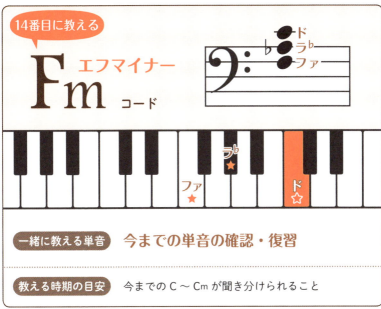

絶対音感を身につけ、美大受験のデッサンに満点合格

わたしの娘は小さい頃からお絵描きが好きでした。

当時はまだ、絶対音感の効果や幼少期にしか身につかないことなど知りませんでしたが、わたしの感覚として幼少期には大人にはない力があると感じていたので、娘が2歳になったころ、現在の鬼頭流絶対音感メソッドの始まりとなるレッスンを行いました。幼少期の特性も知りませんでしたから、レッスン回数や時間は、わたし自身が身につけたころの経験でした。すべてが手探りのレッスンであり、確信はありながらも、実験を行っているようなものでした。

わが子となるとやはり余計な力が入りすぎてしまうものです。当時のわたしは親として今よりも未熟でしたし、子育て期の大変さから、よく怒っていたような記憶があります。子どもにイライラして怒ってしまっては寝顔を見て反省したりという毎日で、子育ての悩みもたくさん抱えていました。ただ、絶対音感はわた

し自身が持っていて楽しいものでしたから、娘にも身につけさせたいという一心でした。

0歳から童謡をたくさん聞かせていたこともあり、絶対音感のレッスンを始めてしばらくすると、リズムに乗って童謡を歌うようになり、いつの間にか歌詞を覚えていたことに驚きました。

絶対音感を身につけた後、ピアノは他の先生にお願いしていましたが、音楽にはあまり興味がないようでした。小学生になり、「お絵描きを習いたい」と言いだしたことが美大へ進むきっかけとなりました。中学や高校の学園祭でも看板や先生の等身大パネルを描いたり、コンクールで表彰されることも多々あり、絵を描くことが楽しかったようです。小さいころから好きなことは、大きくなってもあまり変わりませんね。

また小さいころから、記憶力が良かったのですが、高校生のころ、驚いたことがありました。世界史のテスト前に間違いがないかチェックをしてほしいと頼まれ、彼女が言う言葉を、教科書を見ながら確認していました。間違った箇所を訂正すると、すぐに覚えてスラスラと言うのです。スポンジにすぅーっと水がしみ込むというのは、まさにこのことだと思ったほどでした。

その他にも、絶対音感を身につけると、数学的センスが発達したり、英語の発音も聴き取れるという文献の通り、数学や英語もよい成績で親として学力を心配することはなく、とても助かりました。

美大合格のカギとなったデッサンの試験で、娘は満点を取りました。見ている物と自分が描く物を同じ状態にすることができたこと。それはもしかすると、絶対音感を身につける過程で、五感や脳が発達し、空気感や質感など、聴こえないけれどそこに存在する「音」までもデッサンで表現できたからかもしれません。

第4章

わが子のためにいちばん大切な、親だからできること

——未来を育てる「今」をつくる

〝子どもってすごい〟その気持ちが親子の信頼関係を築きます

わたしは子どもの伸びる力を知りたくて、わが子に早期幼児教育を始めました。毎日絵本を20冊から30冊ほど読み、遊んでいる間は童謡を流しました。そのうちにひらがなや漢字を教え、２歳のころには自分で本が読めるようになっていました。そして、たし算やひき算を教え始めました。

ところが、絵本や文字と違い、算数に対してはやる気ゼロ。幼少期だけでなく子どもというのは、同じことを繰り返すことを嫌がります。でも、何かを身につけるためには、何度も同じことを繰り返さなければなりません。やる気のないわが子の姿を見るとつい怒りたくなりました。親というのは、わが子に何か教えようとすると、力が入りすぎてしまうものです。

とはいえ、怒っていたところで、わたしも楽しくありません。どうしたらいいのだろうと考えました。

わたしが楽しいためには、子どもがわたしの話に耳を傾けてくれるようになればいいのではないか？

そうだ。まずは、わたしの話を聴く体勢にしよう。

でもどうしたら、子どもがお母さんの話を聴こうと思うだろうか。

そこで、もっと「子どもたちの気持ちを知りたい！」と思いました。


それ以来、早期教育で出会ってきた子どもたちや、教室を始める前の何年かやっていた、ベビーシッターで関わったお子さんなど、3000人以上の子どもたちから、音の聞こえ方、物の見え方、考え方、そして親に対する思い、言葉の感じ方などの聞き取り調査をしました。子どもの心を知るために、とにかく、できる限り多くの子どもたちの声を聞いてきました。

大人と子どもではこんなに違うんだと感じた例でいえば、色が違うと別のものだと認識すること。昨日まではスラスラとできていた計算問題が、今日はできない、わからないと言われ手を焼いたことがあります。これは問題の内容がわからないのではなく、用紙の色がいつもと違ったためでした。子どもは紙の色が違ったので別のものと認識していたのでした。

また、楽譜も、大人には五線譜の線の上なのか間なのか、上のほうにあるのか下のほうにあるのかわかりますが、子どもには同じに見えているようでした。

そんな子ども特有の状態を調査していて印象的だったのは、裕福で何不自由ないご家庭のお子さんも、「おとうさんやおかあさんと一緒に過ごしたいのに過ごせない」という心の寂しさを抱えていたり、親の笑顔を見たいからと自分の気持ちを抑え、本当に言いたいことを我慢していることがあるということでした。

繊細な子どもたちの心の声に気づいてほしいという願いもあり、親子一緒に過ごす時間が持てること、そして大人にはできない「音」を記憶していく子どもたちに、「すごいね！」と心から褒められる親になれるようなメソッドはできないものか、試行錯誤しました。

下の子が生まれ、実際にレッスンを試したり、ピアノ教室での実践に改良を加えながら、いまの「鬼頭流絶対音感メソッド」を確立したのです。

親子のコミュニケーションは子どもが求めているだけでなく、親にとってとても大事なことです。わたしも妊娠中、おなかの子に歌を歌ったり、お散歩をしながら、「今日は寒いね」とか「夕焼けがきれいだよ」と話しかけていくうちに、わが子の誕生が楽しみになっていきました。

そして、おなかの子に性別や出産日を尋ねると、決まって「男の子？」という質問のときに「ポン！」とおなかを蹴るのです。出産日も同様に、出産予定日の近い日にちを聞いていくと、「ポン！」と蹴る日があるのです。

結局、どちらもその通りになりました。

また、下の子の性別や出産日は、まだおなかにいる子に加えて、上の子にも教えてもらいましたが、これはマタニティの保育士さんたちも、「園児から言われた性別が当たっていた」ということはよく経験されているようです。

〝子どもってすごい〟。親がそう思えることは子育てをして行く上で大事なことだと思いませんか。

こうした経験から、「絶対音感メソッド」には、子どもたちが親との信頼関係を築き、笑顔で過ごすためのエッセンスを詰め込みました。ぜひ、実践して親子のコミュニケーションの時間にしていただけたら嬉しいです。

レッスンは今の「できる」より将来の「できる」を育てること

早期教育の多くは、日々ご家庭で行うものですが、わが子のこととなると誰でも力が入りすぎてしまうものです。わが子が人生で苦労しないようにと始めたはずなのに、いつの間にかおかあさんが熱心になるあまり、「何でこんなことも覚えられないの！」とイライラして怒ったり、子どもの自尊心を傷つけたり、やる気を奪ってしまうことが多々あります。

どうしてこうなってしまうのでしょうか。

それは、おかあさんの心の中に、『こんな簡単なことなら、すぐできるだろう』という思い込みがあるからです。そのため、一度できるようになると『できた』と認識してしまい、次に質問したときに忘れていると、『昨日できたのに、もう忘れたの!?』とイライラしてしまうわけです。

ですが幼少期というのは、すぐ忘れてしまうものです。三歩進んで二歩下がるを繰り返しながら「できる」ようになっていきます。昨日できたことを今日忘れていても、そういうものなのです。いくら怒られても、本当に忘れてしまっているのです。言うなれば、一度できたお子さんに対して『わかっている』と思ったおかあさんの認識が、間違っていたのです。ですから、「今日は知らないのね。じゃあ教えよう」と考えるようにしてみましょう。

「教えたのに覚えてない」と思っていると、イライラしますから、おかあさんも、再び「知らないこと」として教えてあげればいいのです。子育ては、今の「できる」という視点に縛られるのではなく、お子さんが自分で考え、行動できる人になるために、将来の「できる」を見ながら、今をどのように育てるかが大切なのです。

その点でもこの絶対音感レッスンでは、親子のコミュニケーションを身につけるために、とても良い条件が揃っています。というのも、幸いなことにほとんどのおかあさんが絶対音感を持っておらず、おかあさんにとって未知なる世界だからです。ですから、お子さんが忘れてしまっても「忘れてしまうのが当たり前だと思えばいいんですよ」とお伝えすると、「ああ、なるほど！　そういうものか」と理解していただきやすいようです。

幼少期の子育ては、親子のコミュニケーションの土台となります。この時期に築いた親子の信頼関係が、お子さんの人生を支えることになると言っても過言ではありません。

わたしは、この絶対音感のレッスンで、親御さんがお子さんの気持ちや感じ方を理解し、耳の成長を楽しみにしてほしいと願っています。教室ではその願いどおり、休日にはおとうさんがレッスンをしてくださるご家庭も多く、温かいご家庭のレッスンエピソードを伺い、とても嬉しく思っています。普段は仕事で帰宅時間が遅いおとうさんも、休日はご家族一緒にレッスンすることで、お子さんの成長に驚き、夫婦共通の話題にもなっているようです。

今の「できる」という視点から、将来の「できる」を育てていく子育てを始めてください。

なぜおかあさんが怒っても、男の子はケロッとしているのか？

おかあさんにとって男の子というのは、理解できないことが多いようです。

例えば無駄に動き回って危険なことをしたり、何度注意されても同じことをして、おかあさんの心に荒波を立てさせます。

「何回言ったらわかるのっ！」

「同じことを何度も言わせないで！」

「ねぇ、聞いてるの!?」

たとえ、「聞いている」という返事を聞いても、

「聞いていないでしょ！」

と言いたくなるのは、その態度が「聞いていない」と感じるからですよね。

夫に対しても同じように感じている方も多いかもしれませんね。だって、男の子

だったんですから。

さて、どうして男の子は、おかあさんに何度怒られても、ケロッとしていられるのでしょうか。

絶対音感のレッスンを行っていると、顕著に表れるのですが、男の子は低音を聴き取るのが得意です。逆に高音は苦手です。つまり、おかあさんが怒る甲高い声が、あまり聞こえていないということです。いえ、音としては聞こえていますが、言葉の意味を理解したいという「音」ではないようです。

男の子というのは声変わりがあるからなのか、本来、低音の認識がしやすくなっているようです。そのため、おかあさんが怒ったときの甲高い声は、まるで宇宙人が話しているかのように「雑音」としか聞こえていないことも多く、「聞きたくない音」として音を排除してしまいます。

また、おかあさんの言葉には、無駄が多いと感じているようです。この状態では、おかあさんがいくら怒っても、子どもには届きません。思春期になれば尚更です。ですから幼児のときから、「おかあさんの言葉を聴こう」という耳を育てることが大切です。

男の子に注意をするときは、言葉が理解できるように、低音で鋭く短い文章で伝えることを心がけてください。

女の子が低音を怖がるのはなぜ？

幼少期の女の子は、ピアノの低音域の音をとても怖がったり、大きな音がすると、両耳を手で抑えたりします。低音域の音は、響きが大きく感じるので驚くようです。また音からも「おばけが出そう」と想像力を膨らましていき、より恐怖を感じてしまうようです。

女の子はもともと、想像力や感受性豊かなお子さんが多く些細な音にも敏感に反応して騒ぎます。そんな時の声はとても高音です。

男の子は低音を聴き取るのが得意だとお伝えしましたが、女の子の場合は高音を聴き取るのが得意で、低音域は、高音域に比べて聴き取れるまでに時間がかかります。声も高く、低音域に恐怖を感じることで普段から聞き慣れていないからでしょう。

そのため、低音域の声を持つおとうさんが叱ると、とても怖く感じるようです。子育てで困ったときは、うまく叱ってもらうと効き目があります。

娘に嫌われたくないからと、叱らないおとうさんが増えているそうですが、ここでは心を鬼にして叱ってほしいものです。これも子育ての役割分担であり、教育方針を夫婦で話し合うためのコミュニケーションとしても大切です。子どもは悪いことをしたら、きちんと叱ってくれるのが嬉しいものです。それは自分を見ていてくれると感じるから。そして、叱ったあとは、いつも通りの優しいお父さんに戻ってくださいね。

「習う」という気持ちが育ててくれるもの

現代は、ピアノが芸事だという意識が薄れ、スイミングや英会話教室などと同じ感覚で通わせる親御さんも多くなっているようです。

そこで、芸事について知っていただきたいと思います。

芸事というのは、その先生が持っている技術、芸術を身につけるために、その先生に習うというものです。つまりピアノでいえば、音色やタイミング、表現方法ですが、どの先生も同じではありません。その先生の音色がすきだから、あんな風に弾いてみたいからと習うものです。ピアノ教室を選んだ理由が、近いから通いやすい、お月謝が安い、買い物に便利などという理由であったとすれば、それはもしかしたら、芸事になっていないかもしれません。

そんな芸事であるピアノですから、わたしはレッスンを通して、芸を教えてもらうという姿勢を身につけてほしいと思い指導しています。

先生に教えてもらうという意味も込めて、レッスン前には、「よろしくお願いします」、レッスン後は「ありがとうございました」とお辞儀をすることや、先生に何かを手渡すときは、先生から見て正面になるようにするなど、相手に敬意をはらうことも教えています。また、いけないことはきちんと叱ります。

それは、そのお子さんが芸事を身につけて、素敵な人になってほしいからです。誰かの心に「音」という色を届けるために、ピアノを奏でてほしいと思うからです。そのためには、相手を思いやる心、気がつける心が必要です。上手とか下手とかではなく、相手のことを思いやり奏でた音は、とても美しいものです。そんな温かい音が出せる人に育ってほしいと思っています。

芸事は、自分のためだけでなく、誰かの心に勇気や感動を与えるために、身につけるのですから。

「比べる」は大人の感覚。子どもには必要ありません

赤ちゃんには、「比べる」という概念はありません。成長と共に、言葉や図形を覚えていくなかで、大小を比べたり、カタチを比べたりすることで、さまざまな認識ができるようになります。ですから、絶対音感を身につけるレッスンで気をつけなければならないことは、音の高さを聴き比べて音を判断しようとすることです。

レッスンで、お子さんが間違えてコードを答えると、「もっと高い音でしょ」などと、無意識に聴き比べを教え、考えさせる癖をつけてしまうことがあります。ですが絶対音感は、考えて答えを出すものではないので、こんなときは、正解のコードを教えるだけでいいのです。そこに「何で間違えるの」というイライラや、「何回言ったらわかるの」という無駄な感情は必要ありません。ただ、正解はこれですよと教えてあげるだけです。

幼少期は、他人と自分を比べることをしません。それを比べるようになるのは、親や周りの大人たちから、他人と比べて、自分はできるのか、できないのかなどと判断することを教えられ、そう考えるように育っていくのです。

でも、大人たちは、その子がもっと良くなるように、もっと上を目指せるようにという思いで無意識に言っています。その無意識で、兄弟姉妹は常に比べられ、他人とも比べられ、本当の自分を見失っていく子どもたちが、たくさんいます。大人になっても小さい頃に言われた、親の何気ない言葉に傷ついたままで、自分のことがわからず、自信が持てないと、悩んでいます。

子育ては、その子の一生にかかわる重要なことです。ぜひ、子どもたちが自分を信じられるように育つために、そのお子さんの半年前、1年前と成長を比べ、励ましながら褒めてあげてほしいと思います。

忘れないで。子どもはいつだって
おかあさんの表情を見ている

子どもは、生まれてからずっとおかあさんのことを見ています。

誰かと待ち合わせなのか、生後半年くらいの赤ちゃんを乗せたベビーカーを、ゆらゆらと押しながら、立っているおかあさんを見かけたときのことです。

片手にはスマートフォンを持ち、画面を見ています。赤ちゃんは、おかあさんがちょっと手や身体を動かすたびに、手足をばたつかせ、笑顔になりとても嬉しそうです。でもおかあさんは、赤ちゃんの顔を見ることなくまたスマホに視線を落としました。すると赤ちゃんは、手足の動きを止め、真顔になっていきます。そして再びおかあさんが動くと、目を輝かせて手足をブンブンふって、笑顔になります。でもその努力もむなしく、また真顔に戻ることになるのです。

何度も今度こそはと、おかあさんが自分を見てくれると思い、手足をブンブンとふって、満面の笑みでアピールしても、おかあさんには気づいてもらえなかったのです。

もしかすると、幼児がおかあさんに「見て！」と言うのは、こんな経験をしてきたせいかもしれません。おかあさんは「見てるよ」とチラッと見て、それで見たつもりでも、「心ここに在らず」なのを見抜いているのです。

そんなときは、忙しい家事の手を5分だけ休めて、子どもの話を聞いてあげると満足して、また一人で遊んでくれます。それは、おかあさんが自分の話を聞いてくれたと感じ、心が満たされるからです。

だって子どもは、赤ちゃんのときからずっとずっと、おかあさんの表情を見てきたのですから、こうしておかあさんと通じ合えたときはうれしいものなのです。

できないなかのできたことで勇気づける

子どもが何事にもやる気を持っていてくれれば、親が怒ったり注意をする必要もなく、子育てはとてもラクになるでしょう。でもそんなお子さんは、なかなかいません。例えば『魔の2歳児』と呼ばれるころは、多くのおかあさんが育児に悩む時期ではないでしょうか。子どもに何がしたいのかと聞いても、ただ「イヤイヤ」と泣くばかりで、どうしたらいいのかわからず、途方に暮れることも多いと思います。

とはいえ2歳児も、おかあさんを困らせるために『魔の2歳児』になっているわけではありません。自分のやりたいことや言いたいことが伝わらなかったり、自分ではできると思ったことができなくて、もどかしさを感じているだけなのです。そして泣いているうちに、自分でもどうして泣いていたのかその原因を忘れてしまい、何がなんだかわからなくなって、余計に泣いてしまうことがよくあるようです。そんなときは外に出て風にあたってみたり、「あれは何？」と気を逸《そ》らせてあげると泣きやむことが多いものです。

『魔の2歳児』になってしまう原因のひとつに、言葉の壁があります。自分が思ったことを言いたくても、どう表現したらいいのかがわからないのです。そんな時期を早く乗り越えるためにも、絵本の読み聞かせをしたり、文字を教えたり、いろんなことを説明して話して聞かせることで、ボキャブラリーを増やします。言葉が通じることで、おかあさんもとてもラクになりますよ。

また、子どもは思ったようにできない自分にイライラしているので、おかあさんは『できないなかのできたこと』を見つけて勇気づけてあげてください。

「すごいね！　ここまでできたから、あと少しやってみようか」

と、できたことを認めて褒めることでやる気になります。

また、「できるよ」ではなく「簡単だよ」と言ってあげるのがオススメです。「できるよ」「がんばれ」と言われ続けると、子どもにとってプレッシャーとなり、ハードルが高くなってしまうもの。「簡単だよ」と言われると、心のハードルが低くなり、

「やってみよう」と思う気持ちを引き出すことができます。

レッスンでは、そんな言葉で子どもたちをやる気にし、できるだけ早く乗り越えられるようにしています。幼少期に小さな成功体験を積み重ねていくことは、その子の自信につながりますから。


内閣府が公表した『平成26年版　子ども・若者白書』で、日本の若者は諸外国と比べて自己を肯定的にとらえている人の割合が低く、自分の将来に明るい希望を持っていないことがわかりました。

この調査は、満13～29歳を対象に、日本、韓国、アメリカ、イギリス、ドイツ、フランス、スウェーデンの7カ国で行われたそうですが、このなかで『自分自身に満足している』という項目ではアメリカが最も高く、最下位の日本は、アメリカに比べて40パーセント以上もポイントが低かったそうです。自分くらい、自分のことを好きでいてあげてほしいのになと思います。

幼少期のころから「あなたなら大丈夫」という親の愛を、子どもの心の中に積み重ねておくと、自分の背中を自分で押せる人間に育っていくことでしょう。

人生は何が起こるかわかりません。親が亡くなった後も子どもの心に、『おかあさんなら、こう言うだろうな』という言葉が残るように、日々の言葉がけを大切にしたいですね。

子どもの好奇心を伸ばすためにやっていいこと、悪いこと

幼少期の子どもは、好奇心旺盛で何でもやりたがるのに、大きくなるにつれ、好奇心を失ってしまう子が多いようです。それは、好奇心を持ち、自分の夢に向かって楽しそうに生きている大人が、少ないからかもしれません。

子どもの好奇心を伸ばすためにはまず、親が好奇心を持つことが大切です。

1歳くらいになると、何度も「ん」「ん」と指をさして、物の名前を聞くことがあります。おかあさんにとっては、何度も同じことを聞かれるので、うんざりするかもしれませんね。でも面倒だからと質問に答えなかったり、いい加減に接していると、好奇心は育ちません。

好奇心が育つ時期だからこそ、子どもは何度も聞くのです。それは忘れているのではなく、覚えているけれど、おかあさんに聞いて、「やっぱりそうか！」と確認して

安心したいのです。好奇心を育てるためだと思って、何度でも答えてあげてください。

また、子どもが好きなことをテーマにした絵本を読んであげると、本に興味を持つようになります。興味が出てきて「どうして？」と尋ねるようになったら、一緒に図鑑で調べたりしながら、調べ方を教えていきましょう。幼少期はラクに好奇心を伸ばせる時期ですから、おかあさんも自分の知識が増えると思って、一緒に「どうしてだろう？」と楽しんでくださいね。

リズム感、正しい日本語は童謡で身につける

最近は、童謡を知らないお子さんが多くとても驚きます。幼稚園でも、童謡を歌わなくなったようで、残念に思います。

現在の高齢者は、みんなで一緒に歌える童謡や曲がありますが、最近では、音楽番組も少なく、自分が好きな歌しか聴きません。いろんな曲を聴く機会が減ってしまったのです。子どもたちが高齢者となる時代は、みんなで歌える歌はなくなってしまうかもしれません。

そうならないように、もっと童謡を歌ってほしいですね。

童謡というのは、幼少期の子どもが日本語の流れや、正しい言葉を身につけるためにとても良いものです。童謡をよく聴いているお子さんは、本の音読にも困らないで

しょう。日本語の音の流れが身についているので、息つぎが自然にでき、本もスムーズに読めるのです。

子どもが遊んでいるときに童謡を流していると、ある日突然歌い出したりします。やはり子どもというのは、よく聴いているものです。

私がいちばんオススメしているのは、車の中です。とても早く身につきます。大人が聴いても童謡の意外な歌詞に、新しい発見があって面白いですよ。

いつまでも子どもの心に残る親の言葉

3000人の子どもたちから聞き取り調査をした中で、親が最も気をつけなければならないと心に深く刻んだことがありました。

それは、幼少期の子どもたちは、おかあさんが大好きで、おかあさんの笑顔を見たいという想いから、「親の言葉」で愛を勘違いしてしまうということです。親が子どもに何気なく日々使う言葉によって起こるのです。

幼少期のお子さんはまだ自分の好きなことを探すことはできません。おかあさんが子どものために身につけさせたいと始めた習い事を、おかあさんの笑顔が見たいからという想いで頑張ります。多くのお子さんが、初めから自分のために頑張っているわけではないのです。

しかし親というのは、「立てば歩めの親心」ということわざがあるように、子どもがひとつできるようになると、その上、さらに上へと願いたくなるものです。

たとえば、ひらがなが読めるようになったとき、喜んだのもつかの間、その状態が当たり前になってしまい、また次のできないことに目が向いてしまうのです。そのため、「ひらがなは読めるようになったけれど、まだカタカナは読めないね」とできない事に注目して言葉にしていることが少なくありません。親にとってみれば、ひとつのことができるようになってもそれがゴールではありませんから、次の目標をそんな言い方で軽く言ってしまいます。ところが子どもにしてみれば、「頑張っても頑張っても、いつまでも認めてもらえない」と感じてしまうことになるのです。

言葉は音に乗せて伝えますから、親子の会話で特に気をつけたいのは、「まだカタカナは読めないね」というマイナスな言葉で終えてしまうことです。音が下がってしまい、「まだ足りない」という不満を伝えてしまっているからです。

子どもへの言葉は、「ひらがなが読めるようになったね」と音を上げ、「おかあさんは嬉しい」という気持ちを伝えましょう。それから、「次はカタカナも読めるようにしてみようか！」と前向きな言葉で音を上げて「楽しさ」を伝えましょう。言葉の音に気をつけて子どもに話していると、ポジティブな考えを持った子に育ちますよ。

そして、幼少期は「親から子への言葉の貯金」ができる時期です。それは、大人になって覚えているわけではないのですが、子どものころを思い出すと何となく、暖かく懐かしい感覚となって心に残っていきます。

おかあさんが、「よく頑張ったね」と褒めて抱きしめてくれたこと、「心配しなくてもそんなことは起こらないから大丈夫」と慰めてくれたこと、「どうにもならないなんて、人生にはないんだよ」と視野を広く見せてくれたこと、「嫌なら辞めてもいいんだよ」と逃げ道を教えてくれたこと、「死ぬ気になったら、何でもできる」と勇気を与えてくれたこと。

子どもたちは、親からのそんな言葉と優しいぬくもりを待っています。

レッスンで深まる親子の絆

わたしが鬼頭流絶対音感メソッドで伝えたいことは、絶対音感を身につけるノウハウだけではありません。

メソッドレッスンの中で、親子で一緒に笑ったり喜んだり、時には泣いたりもしながら、親子のふれあいやコミュニケーション、そして家族の絆を大切にしてほしいのです。

親が満足する子育てと、子どもが満足する子育ては違います。子どもたちの心が満足すれば、幼少期でも自立心が芽生え、落ち着いていきます。

そのためには、親が自分にしてほしいことを、子どもにしてあげることです。たとえば、おかあさんが1歳の子どもになったとします。道で転んだとき、たとえ自分で立ち上がれたとしても、おかあさんが駆け寄ってきて抱き起こしてくれたら嬉しいと思いませんか？　「大丈夫？」と優しい声をかけてもらったら、どんなに安心できることでしょう。幼少期の心にはこれが必要なのです。

でも4歳になったら、自分で立ち上がれるようにしていくために、「大丈夫？」と言葉をかけて、少し見守ってみましょう。こうして、子どもが自分で立ち上がれるように、少しずつ手を離していくのです。

子どもは、大人より段階を多く踏まなければできるようになりません。子どもの手をつないで過ごせる時間はそんなに長くはありません。その小さな手を握っている時期に、「自分が子どもだとしたら、何をしてもらいたいか」を考えて、それをお子さんにたくさんしてあげてほしいと思います。それが子どもの心を愛で満たし、人生における心のベースとなることでしょう。

自分が相手にしたことは戻ってくるものです。メソッドで親子の絆をつくり、心から満足いく人生を並んで歩めるといいですね。

ちょっと長めの、あとがき

「音を楽しむ」子は、人生も楽しい

●レッスンに込めた2つの願い

鬼頭流絶対音感メソッドは、わたしの2つの願いから考案しました。

1つめの願いは、絶対音感を、音楽を専門に学ぶ一部の人だけではなく、一般社会へ出る多くの子どもたちにも、ぜひ身につけてほしいというものです。絶対音感は幼少期なら誰もが身につけることが可能な能力であり、その能力を活かせるのは音楽だけでなく、リズム感が必要なスポーツや学力など、あるゆる世界への「才能の呼び水」となるものだからです。

わたし自身も幼少期に絶対音感を身につけたことで、学習や習い事の習得が早く、いろんな場面で助けられたように思います。

また、音楽表現を楽しめるだけではありません。人とのコミュニケーションの場でも、話した言葉の意図を「音」の違いから感じ取ることで、些細な言葉に左右されず、人と円滑に付き合えることに、とても役立った気がします。

そしてもうひとつの願いは、親御さんとお子さんのコミュニケーションが、うまくいくように……というものです。

今まで出会った3000人以上の子どもたちから聞き取った中には、とっても寂しい音が聞こえた子がいました。

あるお子さんは、おかあさんが喜ぶからと自分の気持ちにウソをついたり、別のあるお子さんは、いつも忙しいおかあさんの愛を試すために、わがままを言って困らせてみては怒られてばかりいました。それでも、その後ろにあるのは、おかあさんに見てほしい、一緒にいてほしいという気持ちでした。でも、それは単に一緒にいる時間の長さではないのです。ただ、自分をわかってほしい、認めてほしいという気持ちだったのです。

親御さんが熱心になるあまり、叱咤激励するために使った言葉が、子どもたちに多大な影響を与えています。大好きなおかあさんの顔色を見て、おかあさんが喜ぶような答えを出しているうちに、自分の考えがなくなってしまう方も少なくありません。このように育ててしまうと、いつまでも子どもの心配をしなくてはなりません。

子どもの人生は、子どものものです。子育ては、子ども自身が考え、行動する力を身につけられるように育てていくことです。未来の日本を担う子どもたちには、自己肯定感が高く、自分の夢に向かってチャレンジする強いメンタルを持った人に育ってほしいと願っています。

幼少期は親子のコミュニケーションの始まりであり、言葉のキャッチボールを身につける大切な時期です。おかあさんが子育ての中で毎日使っている言葉に聞き飽きていて、子どもたちが退屈で耳を閉じ、話を聴く姿勢になっていないことに気づいていますか？　お料理も毎日同じでは飽きてしまいます。それと同じように、使う言葉も、少し変えてみましょう。

また、親の無償の愛や〝わが子が一番！〟という想いがお子さんに正しく伝わっていない場合があります。そんな思い違いから、「おかあさんは、自分よりも仕事の方が大切なんだ」と寂しさを感じているお子さんも少なくありません。

そんな誤解をさせないためにも、レッスンでは、親子一緒に過ごしながら「すごいね！　いつも頑張ってるね」「間違えてもいいんだよ。思った通り言ってごらん」「今はできなくてもいいんだよ。今度はできるかも。一緒にもう一回やってみようか」など導く声かけをしてあげてください。

そして、レッスン以外でも子どもたちが心から求めているおかあさんからの言葉（音）、「おかあさんは、あなたが一番大切だよ」「何があっても、お母さんはあなたの味方だからね」「いつも元気でいてくれてありがとう」とたくさん伝えてほしいと願っています。

人生における「聴く耳」って？

幼少期は、人生の始まりです。3歳までの間は、抱っこしたり手をつないだりと、親のすぐそばにいます。それがいつのまにか大きくなり、親の手を離れて一人で行動していくようになり、自立していきます。

子どもたちはどんな社会へ出ていくのでしょうか。

今、子どもを苦労させないために、どんなふうに育てたらいいのかわからないというおかあさんが増えています。子育ても情報過多で何を選んだらいいのかがわからない、また、自分が選んだ方法で本当に子どもがしあわせになれるのだろうか？ と不安を抱いてしまう方も少なくありません。

わが子を社会へ送り出したわたしから言えることは、人生における「聴く耳」を育ててあげることです。

社会は自分だけの努力ではうまくいきません。チームワーク力、問題解決力、思考力やコミュニケーション力など、さまざまな能力が必要です。

では、そのような力はどこで身につけられると思いますか？ 実は、家庭の中なのです。困ったことは協力し合い、喜びは分け合うことができる「家族」は最小の社会です。家族の中で、立場の違う人がどうしたらお互いに協力し合えるか？ わたしは小さいころから一緒に家事をし、「自分で考え行動すること」「効率よく工夫すること」を考えさせながら育ててきました。

家事は、子どもの力を伸ばすのに最高です。家の中で心地よく過ごしたり、清潔な洋服があるのは、誰かが掃除をしたり、洗濯をしてくれたからです。この世の中に、当たり前のことはありません。でも、家事を自分でやったことがなければ気づけませんし、時間がかかっただろうなぁという想像も、感謝の気持ちも出てきません。

日々頑張っても成果が見えない家事を経験しておくことで、人の苦労がわかるようになります。社会へ出たとき、相手の立場にたって考えたり、自ら気づいて協力したりできるようになるのです。どんな人にも自分より優れたところがあります。そして多くの人が支え合いながら生きています。そんな考えを持ち、誰からも学ぼうとする「聴く耳」があれば、社会から学ぶという姿勢となり、社会に出てもしあわせに生きていけることでしょう。

●好奇心はいつだって、新しい道を教えてくれる

本物の「聴く耳」は、絶対音感やピアノを習うだけで育てられるものではありません。毎日の暮らしのなかで、自然や植物に触れる経験や、図鑑や絵本などで知識を得たり、人の気持ちを感じたり、音楽、絵画など本物の音や色を聴いたり見たりすることで心が育ち、どんな人からも学ぶことがあるという考えを持ったとき、初めて「聴く耳」が持てるようになるのです。

自分の人生を楽しくできるのは、自分だけです。

そんな人生に大切なことを気づかせてくれたのは、わが子の子育てでした。

子どもたちは親、家族というういちばん大切な人たちと、人間関係を学びながら、親や周りの大人たちにも人間関係を教えてくれています。子どもたちに同じことを言ったりすれば、知恵や工夫をしなさいとばかりに反抗して教えてくれます。また、思春期の反抗期がやってきたら、喜んでほしいのです。だって、子どもは親から自立しようと頑張っているのですから。親は子育てのなかで、大きな成長をさせてもらえます。

子どもたちに教えられること、驚かされることに好奇心を持って、一緒に楽しんでほしいと思います。

わたしの大好きな言葉があります。

『好奇心はいつだって、新しい道を教えてくれる』　ウォルト・ディズニー

最後までお読みいただきまして、ありがとうございました。

この鬼頭流絶対音感メソッドで、子どもたちが親と過ごす時間が持てること、絶対音感を身につけて才能を開き、好奇心を持って自分の道を切り開いていける人になるよう願っています。

最後に、この本を出版するに際し、きっかけをいただいたネクストサービス代表取締役、出版プロデューサーの松尾昭仁さんと大沢治子さん、そしてネクスト同期の仲間たちと出会えたことは、一生の宝物となりました。ありがとうございます。

また、いつも絶対音感メソッドやピアノを楽しんでくださっている、Ｐｏｐｕｌａｒ Ｐｉａｎｏ Ｋの生徒のみなさんとお父様方、お母様方に改めて、心より感謝しております。

そして、お子さんにメソッドを実践してくださり、微笑ましいご家族のエピソードを聞かせてくださった青春出版社プライム涌光編集部編集長手島智子さん、編集担当の布施綾子さん、いつも温かいご感想を頂戴し励まされ、初めての執筆を終えることができました。感謝しております。本当にありがとうございました。

鬼頭 敬子

著者紹介

鬼頭敬子　２歳からの絶対音感教室Popular Piano K主催。K＋ONE代表。25年間3000人以上の子どもたちから聞き取り調査し、幼少期に親子コミュニケーション力と才能を開く「鬼頭流絶対音感メソッド」を確立。レッスン７か月でIQ140になった生徒も。「家族は最小の社会」と考え、家族コミュニケーションを重視した子育てを信条に社会で必要な力を伝えている。子どもの成長を夫婦で楽しみ、認め、心から褒めるために、親御さんへの子育てアドバイスにも力を注ぐ。教室は10年間いつも満席の人気講師である。
本書は、これまで特別な才能の１つと思われていた絶対音感を、だれでも家庭で身につけられるメソッドとして紹介した１冊である。

教室ホームページ　http://popularpianok.jimdo.com

子《こ》どもがどんどん賢《かしこ》くなる
「絶対音感《ぜったいおんかん》」の育《そだ》て方《かた》

2017年４月25日　第１刷
2019年１月10日　第２刷

著　者　鬼《き》頭《とう》敬《けい》子《こ》
発行者　小澤源太郎

責任編集　株式会社 プライム涌光
電話　編集部　03(3203)2850

発行所　株式会社 青春出版社

東京都新宿区若松町12番１号 〒162-0056
振替番号　00190-7-98602
電話　営業部　03(3207)1916

印　刷　中央精版印刷　製　本　大口製本

万一、落丁、乱丁がありました節は、お取りかえします。
ISBN978-4-413-11215-4 C0037